Platinum

TOEICテスト リーディング プラチナ講義

TOEIC is a registered trademark of Educational Testing Service (ETS).
This publication is not endorsed or approved by ETS.

濵﨑潤之輔 監修　ジャパンタイムズ＆ロゴポート 編

はじめに

　TOEIC テストの最難関パートとよく言われる Part 7 の読解問題。
　2016 年 5 月の TOEIC 公開テストから実施される出題形式の一部変更により、リーディングセクション 100 問のうちの、実に半分を超える 54 問をこの Part 7 が占めることになりました。
　本書『TOEIC テスト リーディング プラチナ講義』は、これまでの「プラチナ」シリーズと同様、日本と韓国で刊行されている ETS (Educational Testing Service) 公認の公式問題集をはじめとする数々の書籍から得られた最新データを徹底的に分析して作り上げられました。
　数百セットの問題文の内容・登場頻度の分析から導かれた「本番で必ず出題される問題文のタイプと特徴」、「構文とフレーズのパターン」を学び、各問題文を読みこなすのに必要な重要語彙をマスターするためのページなども盛り込みました。
　問題文の正しい読みかただけでなく、設問のパターン、言い換えの見抜きかた、そして効率的な解答手順まで、Part 7 (読解問題) の対処法のすべてを本書で学ぶことができることを保証します。
　Chapter 1 〜 4 の学習を通して大いに力をつけていただいたあとは、仕上げの Chapter 5 で本番さながらの模擬テストに挑戦してみてください。きっと学習の効果を実感することができるはずです。また、本書で使用しているすべての単語＆フレーズは、100 パーセント、完全に TOEIC テスト対策に特化したものになっているので、無駄が一切ありません。
　そして、気になる方が多いと思われる「新形式問題」への対応ですが、以下のすべてのパターンの問題を収録し、確実に対応できるようにしていますので安心してください。

- 文書内に新たな一文を挿入するのに最も適切な箇所を選ぶ問題
- テキストメッセージやインスタントメッセージ、オンラインチャット形式で複数名がやりとりを行うパッセージ
- 三つの関連する文書を読んで理解する問題（トリプルパッセージ）
- 文書中で書き手が暗示している意図を問う問題

　着実に、ゆっくりで構いません。
　ご自身のペースで楽しく充実した気持ちで読み進めていかれることを願っています。
　本書があなたの大切な一冊になりますことを願ってやみません。
　頑張っていきましょう、必ず成果は出ます。

2016 年 3 月

濱﨑潤之輔

はじめに	003
本書の構成と使いかた	006
登場する主なキャラクター	008

■ 講義を始める前に
TOEIC に必要なリーディング力とは？ 009

1	文の内容をイメージする	010
2	必要な情報を探し出す	013

■ Chapter 1 | こんな問題文が出る！ 015

1	E メール・手紙 (e-mail, letter)	018
2	記事・報告 (article, report)	020
3	広告 (advertisement)	022
4	お知らせ・案内 (information, notice など)	024
5	メモ・回覧 (memo)	026
6	ウェブページ (Web page, Web site)	028
7	指示書・取扱説明書 (instructions)	030
8	領収書・明細書 (receipt, invoice)	032
9	スケジュール・旅程表 (schedule, itinerary)	034
10	申込用紙・アンケート (form, survey)	036
11	オンラインチャット (text message chain, online chat discussion)	038
12	複数の文書 (multiple passages)	040

■ Chapter 2 | 問題文を読みこなすには？ 043

1	頻出する構文・フレーズのパターンを覚える	044
1-1	命令文	046
1-2	不定詞で始まる文	048
1-3	前置詞句で始まる文	051

1-4	分詞構文	057
1-5	重文	060
1-6	複文（1）	063
1-7	複文（2）	068
1-8	さまざまな主語の後置修飾	072
1-9	関係詞	078
1-10	挿入	084
1-11	等位接続詞・相関接続詞など	087
1-12	無生物主語	093
1-13	so that、It is ～ to do などの重要構文	097
1-14	その他の注意すべき構文	101
2	**問題文の方向性と流れをつかむ**	104
2-1	問題文の方向性を示す言い回し	106
2-2	問題文の流れを示す時制と順序を示す語句	118
3	**要注意の単語を押さえる**	130
3-1	問題文を読むのに絶対に知らなければいけない語	132
3-2	甘く見ると痛い目にあう語	143
3-3	難しめの語	148
3-4	二つ以上の語がつながっている語	155
3-5	単語の「部分」から意味を推測する	161

■ Chapter 3　問題を解くときのポイントを知る　165

1	問題文を流れに乗って読み切る	168
2	主な設問のパターンを覚えておく	171
3	言い換えを見抜く	179
4	HUMMER 式解答手順で無駄なく解答	191

■ Chapter 4　練習問題を解いてみる　195

■ Chapter 5　模擬テストに挑戦！　245

イラスト：矢戸優人
カバー・本文デザイン／DTP 組版：清水裕久（Pesco Paint）

本書の構成と使いかた

本書は TOEIC テストの Part 7（読解問題）を解く力をつけるための本です。以下のような構成になっています。

■ Chapter 1　こんな問題文が出る！

Part 7 で出題される主な問題文（＝文書）のタイプを概観します。それぞれの問題文のどこに注意して読んだらいいか確認しましょう。

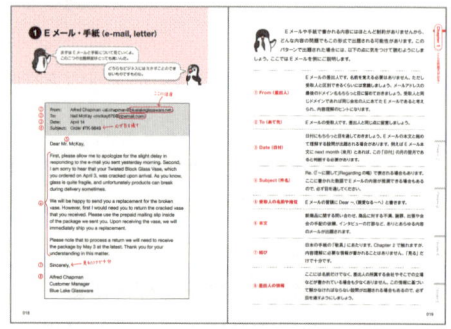

■ Chapter 2　問題文を読みこなすには？

Part 7 の問題文に登場するさまざまな構文・フレーズをパターン別に取り上げて解説しています。また問題文全体の方向性と流れを捉えるためのポイント、注意すべき単語についても取り上げています。多くの例文でこれらのパターンや知識を身につけ、英文を素早く正確に理解できる力をつけましょう。

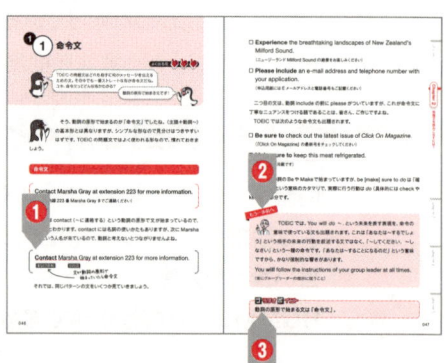

❶ 構文解説…典型的な例文を取り上げ、読解のポイントを解説しています。
❷ もう一歩前へ…一歩上級レベルの知識を扱っています。
❸ プラチナポイント…セクションの終わりに、そのセクションで学んだポイントをまとめています。

■ **Chapter 3　問題を解くときのポイントを知る**

問題文と設問、選択肢を読んで問題を解く際に気をつけるべきポイントを取り上げています。特に問題文と選択肢の間で行われる「言い換え」をパターン別に詳しく説明しています。最後に効率よく問題を解くための「HUMMER 式解答手順」をご紹介しています。

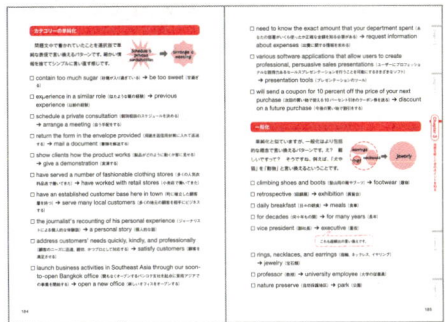

■ **Chapter 4　練習問題を解いてみる**

Chapter 1で取り上げた問題文に設問をつけたものを具体的にどう解いたらいいか説明しています。

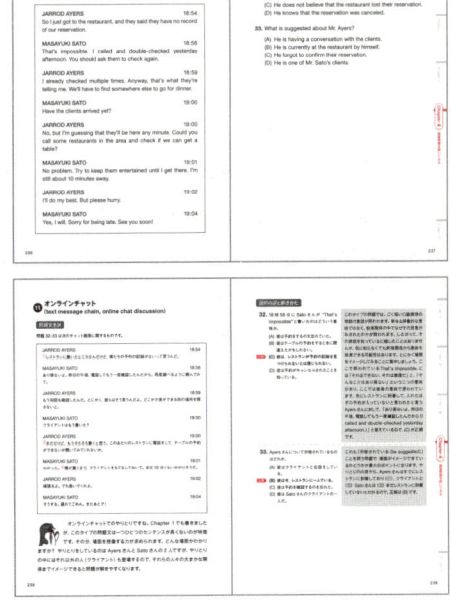

■ **Chapter 5　模擬テストに挑戦！**

最後に 15 セット 54 問の模擬テストに挑戦しましょう。まだ身についていない箇所があったら、前の章に戻って復習してください。

■ 登場する主なキャラクター

　ここはニューヨークにある Phoenix 広告代理店。忙しく働くスタッフたちのもとに、日本から新入社員の Yuki がやって来ました。
　Yuki は非常に仕事のできる若い女性ですが、実は英語が大の苦手。英文の書類を見てもちんぷんかんぷんです。そこで定期的に TOEIC テストを受けて英語の力を測りながら、英文読解のトレーニングをすることになりました。

　一定の長さの英文を読んだり、理解したりするには、語彙力、文法力、構文パターンの知識、そして文の中身をイメージしたり、必要な情報を探したりする力が必要になります。もちろん TOEIC の読解問題でもこうした力を問う問題が出題されます。
　そこで、Phoenix の精鋭チームを率いるチーフは、入社して 1 年がたった Ken に、Yuki の英文読解のコーチを任せることにしました。

　さあ、Ken のリーディング講義が始まります！ 英文読解に不安のある皆さんも、一緒に Ken の講義を受講しませんか？

講義を始める前に
TOEICに必要なリーディング力とは？

　TOEICの読解問題では、文書に書かれているさまざまな情報を、限られた時間の中で「読み取れて」いるかどうかが試されます。
　ここではまず、そうした問題に対応できるリーディング力とはどのようなものか、お話しします。

1 文の内容をイメージする

どう、ユキ。TOEICの読解問題は解ける？

聞かないでください……

　　　TOEICが測っているのは、英語圏の文化的な素養や英文解釈の細かいテクニックといったものではなく、ビジネスや実生活の場面で英語を使う力です。したがって、Part 7の読解問題において、専門的な文章や、小説やエッセイといった文学的な文章が出題されることはありません。

　Eメールや広告、お知らせ、記事といった文書（本書ではこうした文書に書かれた文章を「問題文」あるいは「パッセージ」と呼びます）を挙げたうえで、その文書が書かれた理由や目的を問う問題、そこに書かれた情報について具体的な内容を問う問題、問題文における語句の意味を問う問題など、その問題文が正しく読めているかどうかを問う問題が出題されます。

　難解な推論や高度な知識を問う問題は出題されませんが、問題文を読まずに解こうとしても正解できないよう、選択肢が工夫されています。また、限られた時間でかなりの分量の英文を読まなければならないため、英語を「正確に」読むだけでなく、「速く」読む必要もあります。

　では、英文の内容を速く、そして正確に読むにはどうしたらいいのでしょうか。大雑把にいって、情報を読み取るために必要な力は二つあります。それは

- 書かれている内容をイメージする力
- 文章の中から必要な情報を探し出す力

です。ここでは、「書かれている内容をイメージする」ことについて考えてみましょう。例えば、次のような英文があったとします。

Experience the stunning beauty of Alpaca Lake on one of our private boat tours.

　この文は、直訳すれば、「当社のプライベートボートツアーの一つにおいてAlpaca湖の素晴らしい美しさを経験しなさい」という日本語になり、自然に訳せば、「当社の

プライベートボートツアーでAlpaca湖の素晴らしい景色をご堪能ください」といった内容です。実際の試験を解いていて、「あ、Experienceって知ってる。『経験』って意味だよな。あれ、でも、後ろにtheがあるぞ。ということは名詞じゃないんだな。じゃあ動詞？　でも、主語がないぞ……。あれ、stunningってing形がtheの後ろにくること、あるんだっけ？……」などと悩んだ挙句、1語1語英語を日本語に置き換えながら上記の訳文をひねり出していたら、いくら時間があっても足りません。また、英語を日本語に置き換えるだけでは内容が頭に残りません。逆に、英文を読んだときに、日本語を介さずに次のようなイメージが頭に思い浮かべば、時間がかからないだけでなく、内容が頭に残りますよね。

　もちろん、イメージを細部まで思い浮かべる必要などありません。旅行代理店やホテルのパンフレットに、美しい湖の写真とともにこの文が書かれている情景が想像できればいいのです。次の文を読んだらまた次のイメージが思い浮かぶ。──このようにして英文を読み進めれば、余計な時間がかからないばかりでなく、話の展開が頭に浮かんでいるので、難しい文に遭遇しても話の流れから内容を推測することもできます。

　これに対して、英文を読むときに日本語に訳す作業をしていては、時間がかかるばかりで内容がしっかり頭に残りません。つまり、問題を解くのにまったく不向きなのです。ちなみに、これはリスニングにおいても言えることです。TOEICのリスニングでは、英文がかなりのスピードで放送されるので、聞こえてくる英文を日本語に訳していては対処できません。英語をイメージでとらえる力は、リスニングセクションでも大きな力を発揮するのです。

もう二つほど見てみましょう。

① This e-mail is in response to your letter regarding your recent purchase.

② By checking this box, you agree to have the information submitted in this form shared with select third parties.

①はEメールの書き出しの文です。このメールが書かれる前に、メールの差出人のもとにあて先人から手紙が届いたこと、そして、あて先人は差出人が製造あるいは販売をした商品を買ったことが、漠然とでもイメージできたでしょうか。もちろん、どんな商品を買ったのかはこの文からだけではわかりませんが、そういう場面であることをイメージすることはできるでしょう。

②は、申込用紙のチェック欄に関する注意書きです。ここでも、英語を日本語に訳さずに英文の場面をイメージするように心がけましょう。

え？　日本語に訳す訳さない以前に意味がわからない？　とりあえず、下に訳を挙げておきますので、参考にしてください。個々の英文をどう理解したらいいか、英文の正しい読みかたについてはChapter 2で詳しく見ていきますから、安心してください。

なお、書籍で英文の内容を一つひとつビジュアル化することは難しいので、本書でも英文の訳を挙げますが、文章を読む際には、英文の内容を、日本語を介さずにイメージすることを意識して、この先を読み進めていただければと思います。

> 上の文の訳
> ① このEメールは、最近のご購入に関して頂戴したお手紙へのお返事です。
> ② この欄にチェックすることで、この申込書に書かれた情報を第三者に開示することに同意したものと見なされます。

2 必要な情報を探し出す

でもね、イメージしなくてもいいものもあるんだ。

それ、どういう意味ですか?

例えば、宅配便で荷物を送るときに料金表で配送料を調べる場合を考えてみましょう。料金表にはさまざまな大きさや重さとそれぞれに対応する料金が出ていますが、あなたはその表を隅から隅まで読むでしょうか。そんなことはしませんよね? おそらく自分が送ろうとしている荷物の大きさや重さの箇所を探して、その料金を調べるでしょう。

TOEICの問題文には、曜日によって営業時間の異なるお店の営業時間や、品名と個数、値段が書かれた請求書、利用者の満足度や利用頻度を調べる施設のアンケート、本の目次、イベントや旅行のスケジュール、月内の予定が書き込まれたカレンダーなど、さまざまなリストやそれに類するものが登場します。

こうしたリスト的な情報は、細かいところまで読み込んで内容をイメージしたり、まして覚えたりする必要はありません。こうした情報に関して必要なのは、「どんな情報がどこに書かれているか」を頭に入れておくことです。問題を見たときに、必要な情報があるところにすぐに戻れさえすれば、問題を正確に解くことができます。一つの目安として、文字が太字になっている箇所だけをざっと読むようにすると、必要な情報がどこにあるのかを頭に入れることができます。

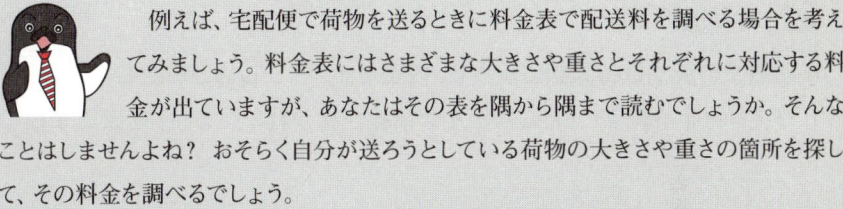

例えば、上のような美術館の開館時間のリストがあった場合、その内容をイメージしたり覚えたりする必要はありません。そして例えば「来館者が絵を見られないのはどの曜日か」という問題が出たら、このリストを見て開館していない曜日を確認すればよいのです。

要するに、TOEICのパッセージを読むには二つの読みかたがあるということです。一つは内容をイメージする読みかた、もう一つは必要な情報のありかを確認する読みかたです。基本的には内容をイメージしながらすべての文をベタ読みしていきます。そして、請求書や予定表などの全体がリストのような問題文、あるいは文章で構成される問題文中に挿入されたリストなど、リスト的な情報が出てきたら、「どこにどんな情報が書かれているか」だけを確認して読み進めます。

> **プラチナポイント**
> ・問題文の英文は日本語に訳さず、内容をイメージしながら読む
> ・リスト的な情報は、「どこにどんな情報が書かれているか」を確認する

Chapter 1
こんな問題文が出る！

　一口に問題文と言っても、TOEICでは何十種類もの文書が出題されます。とはいえ、代表的なものはこれからご紹介する10種類あまり。これだけのパターンを知っていれば、十分対応することができます。

　ここでは、それぞれの問題文の特徴や、どこに注意しながら読み進めていけばいいのかを説明していきます。どこにどんな情報が書かれているのかを大雑把に頭に入れるようにしてみてください。

（本章では問題文のみを取り上げ、設問の種類やその答えかたについてはChapter 4でご説明します）

さあ、それじゃあ TOEIC の Part 7 について本格的に授業を始めよう。この章では問題文の種類について見ていくよ。

Part 7 の問題文って、いろんな種類があるんですか？

皆さんご存じのように、TOEIC の Part 7 の問題文の初めにつく説明は必ず、Questions XXX-XXX refer to the following ○○. という文になっています。この○○に入るのが問題文（文書）の種類で、ここには e-mail（E メール）や letter（手紙）、article（記事）、advertisement（広告）、information（情報）、memo（メモ・回覧）、notice（お知らせ）、announcement（お知らせ）、Web page（ウェブページ）、schedule（スケジュール）……といった語句が入ります。その種類の数は何十もありますが、主な文書の種類は 10 種類くらい。あとはそのバリエーションに過ぎず、この主なタイプだけ知っていれば十分に対応することができます。

　また、このあと見るように、○○には article and e-mail（記事と E メール）、あるいは notice, e-mail and form（お知らせ、E メール、アンケート用紙）のように二つないし三つの文書が入ることもあります。一つの文書を single passage、複数の文書を multiple passages と呼びます。

　よく、TOEIC の問題文に取り上げられるのはビジネス文書だと言われたりしますが、社内回覧や報告書、契約書、ビジネスレターのようないわゆる「ビジネス文書」の出題は一部に過ぎず、実際にはそれよりずっと多様な文書が出題されます。

お店の看板や広告チラシ、アンケート、請求書、レシート、割引クーポン、展示会の招待券、取扱説明書、旅程表、カレンダー、電話の伝言メモ、Eメールの受信トレイ、オンラインチャット、新聞や雑誌の記事、プレスリリース、雑誌の目次、書評、ベストセラーランキング、就職の応募書類、推薦文、受賞証明書……。Part 7には、普段の生活で目にする、ほとんどありとあらゆる文書が出題されると言っても過言ではないでしょう。こうした文書の種類をいくら覚えても、それで中身が読めるようになるわけではないので、神経質になる必要はありませんが、典型的な文書には「ここにこういう情報が書かれている」という特徴があるので、それを知っていれば、試験で問題文を前にしたときに落ち着いて臨むことができるでしょう。

　基本的に問題文はすべて「読む」べきですが、時には「見る」だけでいい情報もあります。次のページからはそういった点も踏まえながら、主な問題文の種類を見ていきましょう。

1 Eメール・手紙 (e-mail, letter)

まずはEメールと手紙について見ていくよ。この二つの出題頻度はとっても高いんだ。

どちらもビジネスには欠かすことのできないものですものね。

ここに注目 →

① From: Alfred Chapman <al.chapman@bluelakeglassware.net>
② To: Neil McKay <mckay875@zipemail.com>
③ Date: April 14
④ Subject: Order #TK-9849   ← 必ず目を通す

⑤ Dear Mr. McKay,

⑥ First, please allow me to apologize for the slight delay in responding to the e-mail you sent yesterday morning. Second, I am sorry to hear that your Twisted Block Glass Vase, which you ordered on April 3, was cracked upon arrival. As you know, glass is quite fragile, and unfortunately products can break during delivery sometimes.

We will be happy to send you a replacement for the broken vase. However, first I would need you to return the cracked vase that you received. Please use the prepaid mailing slip inside of the package we sent you. Upon receiving the vase, we will immediately ship you a replacement.

Please note that to process a return we will need to receive the package by May 3 at the latest. Thank you for your understanding in this matter.

⑦ Sincerely,   ← 見るだけで十分

⑧ Alfred Chapman
Customer Manager
Blue Lake Glassware

　　Eメールや手紙で書かれる内容にはほとんど制約がありませんから、どんな内容の問題でもこの形式で出題される可能性があります。このパターンで出題された場合には、以下の点に気をつけて読むようにしましょう。ここではEメールを例にご説明します。

① **From（差出人）**	Eメールの差出人です。名前を覚える必要はありません。ただし受取人と区別できるくらいには意識しましょう。メールアドレスの最後のドメイン名もちらっと目に留めておきましょう。受取人と同じドメインであれば同じ会社の人にあてたEメールであると考えられ、内容理解のヒントになります。
② **To（あて先）**	Eメールの受取人です。差出人と同じ点に留意しましょう。
③ **Date（日付）**	日付にもちらっと目を通しておきましょう。Eメールの本文と絡めて理解する設問が出題される場合があります。例えばEメール本文にnext month（来月）とあれば、この「日付」の月の翌月であると判断する必要があります。
④ **Subject（件名）**	Re.（「～に関して」Regardingの略）で表される場合もあります。ここに書かれた数語でEメールの内容が推測できる場合もあるので、必ず目を通してください。
⑤ **受取人の名前や地位**	Eメールの冒頭にDear ～,（親愛なる～へ）と書きます。
⑥ **本文**	新商品に関する問い合わせ、商品に対する不満、謝罪、出張や会合の手配の依頼、インタビューの打診など、ありとあらゆる内容のメールが出題されます。
⑦ **結び**	日本の手紙の「敬具」にあたります。Chapter 2で触れますが、内容理解に必要な情報が書かれることはありません。「見る」だけで十分です。
⑧ **差出人の情報**	ここには名前だけでなく、差出人の所属する会社やそこでの立場などが書かれている場合も少なくありません。この情報に基づいて解かなければならない設問が出題される場合もあるので、必ず目を通すようにしましょう。

❷ 記事・報告 (article, report)

「記事」というと新聞記事ですか？

新聞かどうかは明示されていないけれど、新聞や雑誌の記事と思われるパッセージだね。

あれは必ず目を通す

① **Villa Lobos Station to Close Temporarily**

② by Dennis Gerard

冒頭は特に注意して読む

③ **April 21**—According to an announcement by the San Javier Department of Transportation (SJDT), Villa Lobos Station will be closed for construction from June 25 through mid-July. During this time, no train lines will be able to pass through the station. Already, a number of citizens have submitted complaints regarding the closure, as it will greatly affect workers commuting from nearby towns.

④ The primary purpose of this project is to improve Villa Lobos' ability to handle the increasing number of people using the city's train lines each year. Aside from the completion of two new train platforms, electronic ticketing machines will also be installed, along with energy-efficient lighting and refurbished restrooms. City representatives say the project should be completed by July 14, but it could continue well into August.

記事もかなり出題頻度の高い問題文パターンです。通常文字数が多く、読むのに時間がかかります。また特定の人に向けて特定の目的で書かれたものではなく、事実や出来事を淡々と述べていくタイプの文章なので、感情移入するのが難しく、難易度が高く感じれらる場合も少なくありません。ただし、基本的にはいつ、どこで、だれが、どうしたという出来事の記述の積み重ねなので、落ちついて読み進めれば理解するのはそれほど大変ではありません。

① **タイトル**　タイトルには文書全体の主題がまとめられている可能性が高いので、必ず目を通し、できれば一瞬でもいいので内容を推測してみてください。本文を読むときの精度が上がります。ただし、タイトルがない場合もあります。

② **署名**　記事を書いた記者の名前です。設問で問われることはありません。また、署名がない記事もあります。

③ **日付**　すでに行われたことを報じる記事であれば、出来事よりもあとの日付、これから行われることを告知する記事であれば、出来事よりも前の日付となります。出来事の順序を把握するうえで有効な情報になる場合があるので、目は通しておきましょう。

④ **本文**　会社の合併や再編、新しいモールや店舗、施設などのオープン、イベントの観覧手記や開催予告、新刊書籍の紹介、道路工事の告知、さらには農作物の出来についてといった幅広い内容が取り上げられます。多くの場合、冒頭でメイントピックが示され、その先で具体的な内容が展開されるので、まずはそこで記事の骨子を頭に入れてしまうことが肝心です。

③ 広告 (advertisement)

広告はわかりやすそうですね。

目的の非常にハッキリした文書だよね。

何が宣伝されているかチェック

① **Operations Manager Wanted**

Our catering and event planning company is currently seeking a reliable professional to lead multiple teams and projects across San Diego County. Aside from communicating closely with clients, the operations manager must also direct employees at events such as weddings, funerals, private parties, and business gatherings.

To qualify for an interview, a candidate must have 6-8 years of related work experience, including at least 3 years of experience in a management role. In addition, the position requires basic computer proficiency, a clean California driver's record, and a high school diploma. A bilingual speaker of both English and Spanish is preferred, though non-bilingual applicants will also be considered.

This position demands roughly 40 hours of work per week. Schedules will change frequently based on the current lineup of events being held. While the position does include two days off per week, we cannot guarantee that these days will be consecutive or on weekends.

Qualified applicants can apply by sending an e-mail to Joe Fergusson at joe@sdevent21.com. The e-mail should include a résumé as an attachment and a minimum of two professional references.

② どこにどんな情報があるかに留意

　実際には、問題文の種類としては「お知らせ」(information)などと書かれている広告的な内容の文書も出題されるのですが、設問文で「広告」(advertisement)と明示されていれば、それはもう広告以外の何物でもありません。そして広告である以上、商品やサービス、あるいは求人などを読む人に対して宣伝し、アピールする文書であることはハッキリしています。

　また書式はさまざまで、左の例で挙げたようにタイトルと本文しかないものもあれば、中に図表や箇条書きが含まれるものもあります。

　どの広告についても言えることは、問題で求められた情報を本文中からスピーディーかつ的確に探し出す力が求められるということです。

① **タイトル**	大部分の広告にはタイトルがついています。まずここで何が宣伝されているのかを捉えましょう。
② **本文**	読者に情報を伝えるための文書なので、必ず複数の情報が整理され、あるいは順序立てて述べられています。問題を見てすぐに該当箇所に戻れるように、どこにどんな情報が書かれているのかに留意して読みましょう。 内容的には、店や施設、旅行代理店などのサービス案内、店のセールの告知、研修会や各種スクールの案内、賃貸住宅の広告、新刊案内、求人広告などが扱われます。特に求人広告では一般的に、職責・職務内容、応募要件、福利厚生などが挙げられます。

④ お知らせ・案内 (information, notice など)

箇条書きのパッセージですね。

こういうタイプの文書も出るという意味で挙げたけど、実際には記事のように文がズラズラっと並んだ案内文が出題されることも多いよ。

見出しは必ず見る

① Black Flats County Zoo Regulations

どこにどんな情報があるかに留意

②
- Visitors must not disturb the animals in any way. This includes attempts to pet, feed, and harm exhibit animals.

- Visitors must not attempt to cross safety barriers. This includes fences, moats, walls, and animal enclosures.

- Visitors must not play loud music or make any other unreasonably loud noises, as doing so can disturb both the animals and other visitors.

- Smoking is not allowed anywhere on the park grounds. This includes smoke-free, electronic cigarettes.

- Balloons are not allowed anywhere on the park grounds, as there is a risk of animals choking on them.

③ Please keep in mind that these rules are in place for the safety of both visitors and animals. Visitors found breaking any of the above rules may be asked to leave by a Park Safety Manager.

注意書き・ただし書きにもきちんと目を通す

　設問文では information、notice のほか、announcement、press release などの語が使われることもありますが、要するに何らかの情報を告知する文書、つまり「お知らせ」です。また、すでに述べましたが、内容的には「広告」と呼ぶべきものも少なくありません。

① 見出し	多くの場合、見出しがついています。まずは見出しにしっかり目を通し、何のお知らせなのかを把握しましょう。
② 本文	お知らせ的な内容なので、情報は表や箇条書きなどの形で整理されていることもあります。「広告」同様、設問を見てすぐに該当箇所に戻れるように、どこにどんな情報が書かれているのかに留意しながら読みましょう。
③ 注意書き・ただし書き	文書によっては、注意書きやただし書きがついている場合もあります。小さな文字で書かれていることも少なくありませんが、注意書きがあるときは、そこに書かれている内容に関する設問も必ず出されます。文字が小さいからといって軽く見ると痛い目にあいます。必ずきちんと読むようにしましょう。

⑤ メモ・回覧 (memo)

memo は「メモをとる」の「メモ」ですよね。

いや、英語の memo は必ずしもそうじゃないんだよ。

多くの場合、所属や役職名も書かれている

MEMO

① **From:** Mary Sellers, Human Resources Department
② **To:** All West Woods Media employees ← 回覧のあて先となるグループ
③ **Date:** October 11
④ **Re:** Community cleanup volunteers ← 内容の要約。必ず目を通す

⑤ Every fall, West Woods Media joins a number of companies in the Valley View district of Redwood Hills to clean up the Jennifer Kelly Park and the surrounding areas, thus strengthening our bond with members of the local community. This year's annual cleanup will be taking place on Saturday, November 5 from 8:00 A.M. to 5:00 P.M., including a BBQ lunch from 12:00 P.M. to 2:00 P.M. −[1]− We are currently looking for volunteers that would be willing to represent West Woods Media for this community event. −[2]− Although employees choosing to participate will not be compensated financially, all volunteers will receive a special book including coupons for a number of local stores, in addition to the free BBQ. −[3]− If you are interested in joining, please contact the HR Department no later than November 1 at 3:00 P.M. −[4]−

Thank you for your continued support.

　よく誤解されることですが、TOEICの問題文として使われるmemoは必ずしも日本語の「メモ」と同じものではありません。英語のmemoはmemorandumの短縮形で、TOEICでは日本語でいう「メモ」のほか、社内連絡文書、あるいは部署内の回覧文書という意味で出題されることもあります。そのような場合はふつう、差出人、あて先人、件名などが明記され、機密情報などが扱われることもあります。memoとあるのを見て軽い内容だろうと決めつけてはいけません。Eメールなどよりも重要な内容が書かれているケースも少なくないので、そのつもりで読むことが大切です。

①	**差出人**	多くの場合、差出人の名前だけでなく役職名も書かれています。どのような立場としてこの情報を発信しているのかを示しています。
②	**あて先**	ふつうは個人ではなく、社員、あるいは部員やプロジェクトチームの構成員など、メモを送る先の特定の人々が指定されます。
③	**日付**	Eメールのように自動的に付与される情報ではなく、あえて明示する情報です。
④	**件名**	メモの内容を数語で要約したものと考えましょう。Eメールの場合と同様、あるいはEメールの場合以上に重要な情報です。必ず目を通してください。
⑤	**本文**	回覧文書の場合、ある程度公的な内容になります。企画やアイデアの募集、調査結果の報告、近隣で行われる工事の通知、出張の予定表などが扱われます。

⑥ ウェブページ (Web page, Web site)

ウェブサイトのページですね。タブがありますけど、LESSONS のタブをクリックしたらどうなるんですか？

TOEIC の試験は紙だから、クリックなんかできないよ……。

タイトルとタブにも ざっと目を通す

① **BROOKE'S GUITARS**

| HOME | PRODUCTS | LESSONS | FEEDBACK |

どこにどんな情報があるかに留意

② The first-ever Brooke's Guitars' very first guitar was crafted over 50 years ago, when artist Richard Brooke was experimenting with ways to improve the sound of his shows. Since then, we have grown into an international company with some of the world's best-sounding, highest quality guitars.

All of our guitars come with the following additional items free of charge:

- One Vitelli Italian leather guitar strap ($80 value)
- One package of 50 nylon guitar picks with high-friction coating
- A free 1-hour lesson with one of our guitar teachers at a store near you
- Access to our 10-hour online course, "How to Make Money Playing Guitar"

To try out one of our top-of-the-line guitars yourself, please come into one of our shops during regular opening hours. Our staff will be happy to help you select the perfect guitar.

　TOEICの問題文には、ウェブサイトの画面をイメージしたレイアウトが使われることもあります。ほかのページにジャンプするためのタブやリンクのマークが配置されていることもありますが、もちろんそれは単なるデザイン。ただし、内容はウェブサイトを模したものになっているわけですから、そのつもりで読んだほうが頭に入りやすいはずです。

---

① タイトル／タブ　タイトルやタブにはそのページにどんな情報が書かれているかが示されているので、ざっと目を通しておいてください。

---

② 本文　内容はさまざまです。商品の発送状況、メーリングリスト購読の案内、得意客へのオンラインアンケート、光熱費などの料金の案内といったウェブならではの内容をはじめ、新サービスや商品の案内といった「広告」や「お知らせ」とほとんど内容の重なるものも出題されます。
当然のことながら、ここでも情報は整理されています。設問を見てすぐに該当箇所に戻れるように、どこにどんな情報が書かれているのかに留意しながら読みましょう。

7 指示書・取扱説明書 (instructions)

トリセツですね。でもなんで文書は一つしかないのに instructions って複数形なんですか。

ずいぶんシブいところを突いてくるなあ。

① **Dice-Down Blenders**

② The Dice-Down 6380B multi-function blender is the ultimate tool for homemade smoothies, shakes, or icy drinks. After you have finished making the drink of your choice and rinsed out the container, cleaning is quick and easy. Simply fill ¾ of the container with warm water, add a bit of dishwashing detergent, close the lid, and push the pulse button a few times. Once clean, remove the container from the motor base and rinse it under running water.

Before cleaning the motor base, make sure that it is unplugged from the power source. Do not use excessive water or soap to clean the base. Wiping with a damp cloth is all that is necessary.

Be sure to allow all of the parts to dry before storing. When everything has dried, the blender should be stored fully assembled and upright.

何をどのような順序で行うかを意識して読む

「インストラクター」という言葉は知っていますよね。instruct は「（人に何かを）教える、指示する」という意味の動詞で、「instruct する人」が instructor、そして instruct の名詞形が instruction ですが、「指示、説明書」の意味ではふつう複数形で使います（「教育、知識」の意味では不可算名詞）。

ところで、「取扱説明書」というのは何かの使いかたを指示するものですから、一見何の変哲もない文書に見えても、内容は「正しく使うにはこうしてください」という指示になっているはずです。その点をきちんと意識して読むようにしましょう。

① **タイトル**
ほとんどの場合、説明書にはタイトルがついています。商品名などしか書かれていない場合もありますが、「この製品の使いかたの説明書なんだな」と読みの助走がつけられるので、ざっと目を通して本文を読み始めましょう。

② **本文**
上にも書きましたが、説明書には必ず対象となる製品などの使いかたが書かれているはずです。何をすべきか、どのような手順で行うべきかという点も意識しながら読み進めましょう。

⑧ 領収書・明細書 (receipt, invoice)

領収書ですか。領収書といえば日常でもおなじみですね。

そうだね。receipt は「レシート」というカタカナ語にもなっているね。品名と金額までリスト化されたものは invoice、あるいは billing statement などというよ。

①
Seaside Molly's
65 Pacific Coast Highway
Encinitas, California 92024
Tel (858) 555-3535

Cashier: JANICE R   10:11 A.M.

② 何を買ったかをチェック

ITEM	SKU	③
RR 32 OZ PAPER CUPS	7143003187	4.99
STATE SALES TAX		@ 8%
HNT SPAGHETTI SAUCE	2700050006	2.49
GROCERY NON TAXABLE		
EE SPAGHETTI PASTA	4130300045	1.69
GROCERY NON TAXABLE		
CB HOMOGENIZED MILK	4113047006	2.99
GROCERY NON TAXABLE		
	SUBTOTAL	12.16
	TOTAL TAX	.40
	TOTAL	12.56
	Cash　TENDER	20.00
	Cash　CHANGE	7.44

注意書きも必ず読む

④
Seaside Molly's will happily refund or exchange any item* when returned unopened within 30 days with a receipt. Returns without a receipt may be permitted when returned unopened within 7 days of purchase, subject to store management approval.

*The following items are exceptions and may not be returned under any circumstances: perishable items such as fruit, meat, and vegetables, unless there was an issue with quality at the time of purchase; tobacco products; magazines; alcoholic beverages.

普段私たちが買い物をしたときに渡される「レシート」にも、金額しか印字されておらず、あとで見てもどこで何を買ったのかわからないようなものから、店名、店の住所や電話番号、担当者、日時、品名、金額、税、ただし書きや広告まで印字された細かいものまで、いろいろありますよね。TOEICで出題されるのは、情報量の多い後者の領収書です。英語の領収書を目にすることは普段ないので、いきなり見るとギョッとするかもしれませんが、税や小計、合計などの表示法は、知っていれば「見る」だけでいいので、かえって読むのは楽なはずなんです。ここで概要を知り、慣れておきましょう。

① 店や担当者の情報	見ての通りです。何を扱う商店なのかくらいがわかれば十分です。店の住所や電話番号が設問に絡められることはほとんどありません。
② 品名	品名はその店が何を売る店かなどを伝える重要な情報です。「何のお店か」という設問のほか、「○○の品をどれだけ買ったか」といった情報を読み取らなければならない設問も出題されるので、必ず目を通し、必要に応じてその箇所にすぐに戻れるようにしておきましょう。
③ 金額	各商品の金額、全商品の金額、そして税込みの金額など、いろいろな金額が登場します。設問で問われることもありますが、数字を覚える必要はありません。②の品名をある程度覚えていれば、問われる金額が書かれている箇所には無理なく到達することができます。
④ 注意書き・ただし書き	「お知らせ・案内」のところでも触れましたが、小さい文字で表されている注意書き・ただし書きの内容は、非常に高い確率で正解の根拠となります。必ず読むようにしましょう。

9 スケジュール・旅程表 (schedule, itinerary)

領収書の次はスケジュールですか。

頻度はそれほど高くないけれど、出題されることはあるよ。展示会のスケジュールとかね。

必ず目を通す

① **INCA EXPLORATIONS TRAVEL COMPANY**

Thank you for choosing Inca Explorations for your upcoming trip to the Sacred Valley. Below you will find the group's 4-day itinerary for the trip. If you have any questions or concerns about this information, please call our itinerary specialist, Yuri Torero, at (800) 555-4488.

② **DAY 1**

Arrive at Alejandro Velasco Astete International Airport at 7:20 A.M. local time. Group will be met by a private driver. Travel by shuttle bus to Hotel Casa Rumi. Check in and receive water bottles and local maps, from your tour guide, Mr. Alejandro Bustamante.* Meet in hotel lobby at 3:00 P.M. for a walking tour of the famous open air market and dinner at Don Martín Restaurante.

DAY 2

Bus departs from hotel at 9:00 A.M. for Pisac. Arrive in Pisac around 10:30 A.M. Tour Incan Ruins. Lunch and sightseeing near the central plaza. Shopping at the busy Sunday Market. Bus departs from central plaza at 5:30 P.M. for Ollantaytambo. Dinner in Ollantaytambo at 7:30 P.M.

DAY 3

Meet in hotel lobby at 7:30 A.M. Large group breakfast at nearby restaurant. Bus departs from hotel at 9:30 A.M. for Salinas. Tour of Salinas salt pans and nearby Incan ruins. Bus returns to Ollantaytambo at 3:00 P.M. Tour of the Temple of Ollantaytambo. Dinner at hotel restaurant.

DAY 4

Meet at hotel lobby at 5:00 A.M. and walk to train station. Train departs at 6:10 A.M. for Machu Picchu. Full-day tour of Machu Picchu ruins, with afternoon lunch to follow. Train departs for Ollantaytambo at 4:30 P.M. Bus departs from Ollantaytambo for airport at 6:30 P.M.

③ *NOTE: We urge you to drink large amounts of water after arriving, as this can help prevent altitude sickness, which is common for visitors arriving by plane.

流れをイメージしながら読む

schedule は「スケジュール」というカタカナ語にもなっているので皆さんご存じだと思いますが、itinerary（旅程表）という文書のタイプもあるので、この言葉をぜひ覚えておいてください。冒頭の設問文でこの単語を見て、「わからない！」と焦ってしまってはもったいないです。そのほか、timetable（予定表、時間表）、agenda（予定表、会議の議題一覧）なども仲間のタイプです。珍しいところではズバリ calendar（カレンダー）。また price list（価格表）なども「表」という意味では近いものと言えるでしょう。左ページは itinerary の例です。

① タイトル スケジュールであれ、旅程表であれ、時間表であれ、ふつう冒頭にそれが何の予定を表すものであるかが明示されています。文書全体の要約になっているので必ず目を通しましょう。

② 時系列 これは旅程表ですが、スケジュールや時間表でも必ず予定が何らかの時系列に並べられています。つまり、情報を時間軸に従って整理して提示してくれているということですから、その流れをイメージしながら読み進めるようにしましょう。

③ 注意書き 必ずあるとは限りませんが、注意書きがある場合には必ず目を通しましょう。

10 申込用紙・アンケート (form, survey)

> ねえ、手書きの文字が書いてありますよ。

> うん、これはアンケートなんだ。ユキだって、アンケートとか申込用紙とかを書くことあるでしょ？

Gary's Flowers of the Month Club
Fresh, beautiful flowers delivered monthly

Thank you for your subscription to our monthly flower delivery service. You recently received your first shipment of flowers, and we would like to get your feedback. Please fill out this short survey and send it back in the addressed, postage-paid envelope we have provided. In return, we will send you a surprise bonus gift.

① *どこに何が書かれているかだけを確認*

Customer name: *Claire Brennan*

Item received: *Holiday Stargazer Lilies*

Date ordered: *12 December*　　　Date received: *17 December*

Delivery address: *21 Pepper Tree Lane, San Jacinto, CA 92543*

Rate the following on a scale of 1 to 5, with 5 being "excellent" and 1 being "poor."

② *どんな項目があるかだけを確認*

Flower health	1	2	3	4	**(5)**
Arrangement & Design	1	2	3	4	**(5)**
Vase (if applicable)	1	**(2)**	3	4	5
Overall satisfaction	1	2	**(3)**	4	5

Comments:

③ *コメントは頑張って読む*

As promised, the flowers are fresh and beautiful. However, I made a special request to receive Christmas Tulips for my December shipment, but instead I was sent Holiday Stargazer Lilies. Also, I thought the vase would be glass, but instead it is a cheap plastic material. Please be clearer in the descriptions on your website!

申込用紙やアンケートも、TOEICの問題文としては比較的取り上げられる頻度の高い文書です。手書きの文字があってビックリするかもしれませんが、もちろん判読できないような文字で書かれていることはありませんから、落ち着いて読みましょう。

名前や性別、日付、住所、地位、あるいは品名などが書かれていることがありますが、記憶にとどめる必要があるのは地位くらいで（例えば、ここに vice president とあれば、選択肢でこの人を executive と言い換えた設問が出題されることがあります）、あとはどこに何の情報が書かれているかを確認すれば十分です。

アンケートの中で、丸で囲んだりチェック（☑）したりする表の部分も、内容を細かく覚える必要はありません。アンケートにどんな項目があるかだけ、ざっと確認しましょう。こうした情報は「読む」のではなく「見る」べき情報で、設問で何かを問われたときにすぐにそこに戻れることが大切です。

一方、英文の書かれたコメント欄があれば、手書きであっても読まなければなりません。その内容について問われるのは、ほぼ確実だからです。

① 記入者の情報 — どこに何が書かれているかだけを確認し、設問で問われたときに必要な情報にすぐに戻れるようにしましょう。

② アンケート部分（表） — どんな項目があったかを確認し、設問で問われたときに必要な情報に戻れるようにしましょう。

③ コメント欄 — コメント欄があれば手書き文字であっても頑張って読みましょう。設問で問われる可能性大です。

11 オンラインチャット (text message chain, online chat discussion)

なんだか見覚えのあるような画面ですね。

ユキは Facebook とか使ってる？ SNS はこの数年ですっかり広まったよね。それで TOEIC でも、このようなタイムライン形式の問題文が使われることになったんだ。

---

① **JARROD AYERS** ③ 18:54
② So I just got to the restaurant, and they said they have no record of our reservation.

発信者たちの置かれた状況を確認する

MASAYUKI SATO 18:56
That's impossible. I called and double-checked yesterday afternoon. You should ask them to check again.

JARROD AYERS 18:59
I already checked multiple times. Anyway, that's what they're telling me. We'll have to find somewhere else to go for dinner.

MASAYUKI SATO 19:00
Have the clients arrived yet?

JARROD AYERS 19:00
No, but I'm guessing that they'll be here any minute. Could you call some restaurants in the area and check if we can get a table?

MASAYUKI SATO 19:01
No problem. Try to keep them entertained until I get there. I'm still about 10 minutes away.

JARROD AYERS 19:02
I'll do my best. But please hurry.

MASAYUKI SATO 19:04
Yes, I will. Sorry for being late. See you soon!

読者の皆さんの中にもFacebookやLINEのようなSNSを利用している方は少なくないと思います。TOEICでもこうしたSNSのチャットを模した問題文が登場します。しかし、SNSを利用していない人もまったく心配する必要はありません。左ページを見るとわかるように、上から順に発信者とメッセージと発信時刻が流れていく一連のメッセージというだけのことです。

　このタイプの問題文の特徴は三つあります。一つ目は、より会話に近い文体が使われること。二つ目は、一つのメッセージが短いこと。そして三つ目は、問題文ではやりとりの途中から提示されるので、このやりとりが行われている場面や前後関係を推測する必要があるということです。このタイプの問題文では特にこの三つ目の点をうまく処理できる力が必要となりますが、一つ、二つのメッセージを読んだだけでは場面を推測することは難しいでしょう。それぞれのメッセージをテンポよく読み進め、複数のやりとりの中から発信者たちがどのような状況にあるのかを思い浮かべるようにしましょう。

① **発信者**
メッセージの発信者です。発信者は必ず複数いますから、それぞれの名前や立場をきちんと区別できるようにしましょう。

② **メッセージ**
チャットのメッセージなので、短い文で構成され、複雑な構文が使われることはありません。ただし、一つのメッセージの情報量が限られる分、それだけを読んでも状況を捉えることは困難です。メッセージとメッセージの間に存在する状況を推測する、つまり文字通り「行間を読む」力が試されます。ほかの問題文にも増して、発信者たちの置かれている状況を想像しながら読むことが大切です。状況がイメージできれば、「なぜこの人はこのような発言をしたんだろう」ということを無理なく理解することができます。

③ **発信時刻**
スケジュールに似ていますが、チャットでの時間の流れは分刻みになります。ただし、問題文を読むときには時刻に気を配る必要はありません。設問で時刻が指定された場合にそこに戻れれば事は足ります。

12 複数の文書 (multiple passages)

> ねえ、ちょっと。問題文が二つもありますよ。

> 二つでビックリしてちゃ困るんだけどなあ……。

上から順に読む

SAN FRANCISCO, March 21 — Since its founding in 1974, Brick Top Foods, Inc. has received a variety of awards for their delicious packaged cheeses. And now they have received yet another prestigious distinction: a NAEMA Award for Sustainability. Presented by the North American Eco-Management Association (NAEMA) at its annual Environmental Protection Symposium, the award recognizes Brick Top Foods for developing a unique method for packaging and shipping cheeses at its main production facility in Plymouth, Wisconsin, that reduced the use of plastic by over 20%.

"Companies are so focused on increasing profits that they often forget about their overall effect on the environment," said Bill Swanson, CEO of Brick Top Foods, Inc. "But actually, by trying to reduce our impact on the environment, our company is saving thousands of dollars per year and strengthening bonds with our community." Since it first opened, Brick Top Foods, Inc. has grown to become one of the largest privately held cheese distributors in North America. Next year it is scheduled to open an additional factory in Cheyenne, Wyoming.

The award will be presented at this year's Environmental Protection Symposium, which is now celebrating its 5th year. It is among the leading events for organizations working to preserve and protect the planet and is held annually in Chicago.

The North American Eco-Management Association (NAEMA)
is pleased to present

The NAEMA Sustainability Award
to
Brick Top Foods, Inc.

in recognition of efforts to protect the environment.
Presented to the agency with the most innovative new methods of increasing sustainability.

Presented April 12   Varun Ganta, NAEMA President

TOEICの読解問題では、後半で複数の文書を組み合わせた問題が出題されます。「一つの問題文を読むだけでも大変なのに、複数の問題文を読むなんてとても無理だ」と思いますか？ 大丈夫です。第一に、私たちは普段、特にビジネスの場面においては、メールを読みながら打ち合わせのスケジュールを立てたり、PowerPointのスライドを見ながら手元の資料に目を通したり、あるいはスマートフォンの地図と会場の住所を見比べたりと、複数の文書を同時に処理するという作業を行っています。複数の問題文を読むというのは、基本的にそれと同じような作業です。つまり、皆さんは普段の生活でそのトレーニングを自然と積んでいるわけです。

第二に、複数の問題文から出題されるとはいえ、それぞれはこれまで見てきたパターンの問題文ですし、設問は基本的に文書の順に出題され、組み合わせて解く設問の場合も、その組み合わせかたはそれほど複雑なものではありません。設問が三つの難しい記事を読むくらいなら、やさしい複数文書の問題で確実に五つの設問に正解するほうが楽で効率的なくらいです。

文書の種類	組み合わされる文書の種類に決まりはありません。「手紙とウェブサイト」、「広告とEメール」、「表とEメール」、「ウェブページとチケット」、「Eメールとアンケート」、「記事とスケジュール」、「記事と受賞証明書」、「お知らせとEメールとコメントフォーム」、「表とスケジュールとEメール」、「商品情報とレビューと返答」など多種多様です。Eメール2通、あるいは手紙2通のようなケースもあります。
読む順番	基本的に上から順に目を通しましょう。設問も普通は文書の順に出題されます。ただし、複数の問題文の情報を組み合わせて答えを出さなければならない設問も出題されます。したがって、最初の問題文に関する設問を解いて安心せず、次の問題文に関する設問を解いているときもすでに読み終えた問題文に戻れるよう、どこにどんな情報が書かれているかを頭に入れながら読みます。

Chapter 2
問題文を読みこなすには？

　Chapter 1では Part 7でどんなタイプの問題文が出題されるかを見ましたね。この章ではその問題文をどう読んでいったらいいかを具体的に見ていきます。

　長い文章を見るとひるんでしまうかもしれませんが、1文1文丁寧に見ればシンプルな文の積み重ねにすぎません。よく登場する構文・フレーズのパターンを覚えて、英文を読む正確さと速さを向上させましょう。

　文と文をつなぐ話の方向性や流れ、また文を構成する単位である単語についても見ていきます。

　例文を何度も読むようにしてください。英文を読む感覚が身についてきます。

1 頻出する構文・フレーズの パターンを覚える

> それでは実際にパッセージをどう読んだらいいか、見ていこう。

> え、本当に読むんですか？

　もちろんリーディングの問題は、問題文を読ま（read）なければ解けません。逆に言えば、答えは必ずパッセージの中に書かれてるんですから、きちんと読めば確実に解くことができます。読むことから逃げてはダメなんです。

　ただし、TOEICの場合には限られた時間でかなりの分量の英文を読む必要があります。よくPart 7で「文は長く難しいし、時間が全然足りなかった」という話を耳にします。でも問題文を読まずに解こうなんて横着をしてはいけませんよ。時間が足りなくなる原因の一つは、おそらく頭の中で1文1文を日本語に置き直していることです。後ろから返り訳をしたりしてね。そんなことをしていたら、読むのに倍の時間がかかってしまいます。英語の順番通りに読みくだして、意味をそのまま理解しなければいけません。ここで「理解する」というのは「日本語に訳す」ことじゃありませんよ。そうではなく「内容をイメージする」こと。それが大事なんです。

　TOEICのPart 7には、それほど複雑な英文は出題されません。どちらかというと、〈主語＋動詞＋目的語〉の文、あるいは〈動詞の原形＋目的語〉の命令文みたいに、構造がハッキリした文が多いんです。ただし、ときどきその構造をわかりにくくする修飾語句が入ってくるので、文の構造を見失ってしまうことがあります。逆に言えば、そうした修飾語句に慣れておけば、文の骨格を見失わずに済むわけです。このあと、TOEICの問題文によく見られる文型パターンや修飾の仕方を整理して見ていくので、修飾語句に惑わされずに、文の主語や動詞を的確に見出しながら、英文を読みくだすクセをつけてください。

Chapter 2 問題文を読みこなすには？

Customers who bring in their receipt on their will receive a 10% discount on their purchase.

1 命令文

よく出る度 👍👍👍

> TOEICの問題文はどれも相手に何かメッセージを伝えるための文。その中でも一番ストレートな形が命令文だね。ユキ、命令文ってどんな形かわかる？

> 動詞の原形で始まる文です！

そう、動詞の原形で始まるのが「命令文」でしたね。〈主語＋動詞〜〉の基本形とは異なりますが、シンプルな形なので見分けはつきやすいはずです。TOEICの問題文ではよく使われる形なので、慣れておきましょう。

命令文

Contact Marsha Gray at extension 223 for more information.
（詳細は内線223番 Marsha Gray までご連絡ください）

この文は contact（〜に連絡する）という動詞の原形で文が始まっているので、命令文だとわかります。contact には名詞の使いかたもありますが、次に Marsha Gray という人名が来ているので、動詞と考えないとつながりませんよね。

Contact <u>Marsha Gray</u> at extension 223 for more information.
　動詞の原形　目的語
　　　← 文が動詞の原形で始まっていたら命令文

それでは、同じパターンの文をいくつか見ていきましょう。

☐ **Experience** the breathtaking landscapes of New Zealand's Milford Sound.

（ニュージーランド Milford Sound の絶景をお楽しみください）

☐ **Please include** an e-mail address and telephone number with your application.

（申込用紙には E メールアドレスと電話番号もご記載ください）

二つ目の文は、動詞 include の前に please がついていますが、これが命令文に丁寧なニュアンスをつける語であることは、皆さん、ご存じですよね。
TOEIC では次のような命令文も出題されます。

☐ **Be sure to** check out the latest issue of *Click On Magazine*.

（『Click On Magazine』の最新号をチェックしてください）

☐ **Make sure to** keep this meat refrigerated.

（この肉は要冷蔵です）

上の文は動詞の Be や Make で始まっていますが、be [make] sure to *do* は「確実に～する」という意味のカタマリで、実際に行う行動は *do*（具体的には check や keep）の部分です。

もう一歩前へ

TOEIC では、You will *do* ～ . という未来を表す表現を、命令の意味で使っている文も出題されます。これは「あなたは～するでしょう」という相手の未来の行動を叙述する文ではなく、「～してください、～しなさい」という一種の命令です。「あなたは～することになるのだ」という意味ですから、かなり強制的な響きがあります。

You **will** follow the instructions of your group leader at all times.

（常にグループリーダーの指示に従うこと）

ゴラキオ ポイント

動詞の原形で始まる文は「命令文」。

1-2 不定詞で始まる文

よく出る度 👆👆👆

「不定詞」って、あの「名詞的用法」とか「形容詞的用法」とかある、アレですよね……?

ユキは「用法」という言葉を聞くと顔色が悪くなるなあ……。ここで扱うのは一つの使いかただけだから心配しなくて大丈夫だよ。

不定詞は〈to ＋動詞の原形〉から成り、ユキの言うようにいくつかの使いかたがありますが、ここでは「～するためには」という意味を表す不定詞で始まる文を見ていきます。この不定詞句（不定詞で始まるカタマリのことだと思ってください）はカンマで終わるので、そのあとにメインの文が続くと思えば間違いありません。

命令文が続く場合

> To place an order, call 555-0123.
> （注文するには、555-0123 までお電話ください）

上の文は、To place an order が「注文するには」という意味の不定詞句。その後ろがメインとなる文です。ただし、この文は call という動詞で始まっているので、一つ前に見た命令文ですね。TOEIC の問題文では、不定詞句のあとに命令文の続く形がよく出題されます。

> To place an order, call 555-0123.
> [不定詞句（～するには）] [メインの文（命令文）]

Toで始まる文は、カンマまでが「～するためには」という意味の修飾句。

それでは、このパターンを使った例文をいくつか見ていきましょう。

☐ **To** view a map of the campus, scroll down to the bottom of this page.
（大学構内の地図を見るには、このページの一番下までスクロールしてください）

☐ **To** complete the survey, click the "Submit" button below.
（アンケートを終了するには、下の Submit ボタンをクリックしてください）

☐ **To** take advantage of this special offer, visit our Web site and enter coupon code RTD98E when you fill out the order form.
（この特別提供をご利用になるには、弊社ウェブサイトを開き、ご注文フォームを入力する際にクーポンコード RTD98E と入力してください）

命令文より数は少ないのですが、〈主語＋動詞〜〉の普通の文が続くこともあります。

普通の文が続く場合

☐ **To** cancel an existing order, you will need to call or e-mail our customer support center.
（既存のご注文をキャンセルされる場合は、カスタマーサービスセンターにお電話いただくか、メールをお送りいただく必要があります）

この場合はカンマの後ろに〈主語＋動詞〜〉の普通の文が続きます。この場合も、To からカンマまでは「〜するために（は）」という意味を表します。

To cancel an existing order, you will need to call or e-mail our customer support center.

不定詞句（〜するには） ← メインの文（普通の文）
To で始まる文は、カンマまでが「〜するためには」という意味の修飾句。

同じパターンの文を見ておきましょう。

☐ **To** commemorate the tenth anniversary of Y-Data Screen LLC, we are sending 10 lucky customers a $200 gift voucher.
（Y-Data Screen LLC 創立 10 周年を記念して、10 名様に 200 ドルのギフトクーポン券を差し上げます）

もう一歩前へ

不定詞とほぼ同じ意味で In order to *do* の形で文が始まる場合もあります。

In order to accommodate your request for a seafood dinner, we have reserved you a table at Craig's Beachside Grill.
（シーフードディナーのご要望にお応えするため、Craig's Beachside Grill のテーブルをご予約いたしました）

プラチナポイント

不定詞で始まる文は、To からカンマまでが「〜するために（は）」という意味のカタマリ。後ろにメインの文が続く。

1-3 前置詞句で始まる文

よく出る度 👍👍👍

> 前置詞って in とか of とか at とか、あの短い言葉ですよね。

> まあ、確かに短い語が多いけどね。

名詞の前に置かれて、「〜に」とか「〜の中へ」とか「〜の間」といった意味を表す語が前置詞です。〈前置詞＋名詞〉で一つのカタマリを形成しますが、主語や動詞、目的語などの文の要素にならないという点がポイントです。文の冒頭に前置詞があったら、「あ、本当の文が始まるのは、このカタマリが終わったあとだな」と思わなければいけません。不定詞のときと同じように、カンマが前置詞句の終わる目印となります。前置詞の数は限られているので、まとめて見ていって前置詞句の感覚を身につけてしまいましょう。

〈前置詞＋名詞〉の前置詞句

In a recent interview, the director discussed his vision for the upcoming movie.
（最近のインタビューで、その監督は次の映画の見通しについて語った）

この文は、前置詞の in で始まっていますね。In からカンマまでが前置詞句で、the director から後ろがメインの文になります。the director が主語、discussed が動詞、his vision が目的語という構造は見て取りやすいですね。

<u>In</u> a recent interview, the director discussed his vision for the upcoming movie.
　前置詞句　　　　　　　　　　　　　　メインの文

前置詞で始まる文は、カンマまでが修飾句。

上の文は前置詞 in で始まる文でしたが、前置詞にはいろいろなものがあるので、前置詞で始まる文にもいろいろな種類があります。でも構造はどれも同じ。〈前置詞句＋メインの文〉の構造の感覚を身につけてください。

as（～として）

☐ **As** a full-service auto repair shop, we are equipped to handle any type of vehicle trouble.
（フルサービスの自動車修理店として、わが社はあらゆる車のトラブルに対処する設備を備えております）

after（～のあと）

☐ **After** careful consideration, we have decided to book our trip through Blue Desert Adventures.
（慎重に検討した結果、私たちは Blue Desert Adventures 社で旅行の予約をすることにした）

for（～のためには）

☐ **For** tickets and information, call Old Globe Cinemas at 555-4099.
（チケットおよび情報については、555-4099 番、Old Globe Cinemas までお電話ください）

of（～のうちで）

☐ **Of** the entire faculty, only 10% of instructors have received proper training.
（教員全体の中で、正式なトレーニングを受けている指導員は 10 パーセントにすぎない）

during（～の間）

☐ **During** the busy holiday season, popular items sell out very quickly.
（年末休暇の繁忙期には、人気のある商品はあっという間に売り切れてしまう）

despite（～にもかかわらず）

☐ **Despite** the cost, I chose to purchase the nicest model of washing machine available.
（値段にかかわらず、私は手に入る中で一番いいモデルの洗濯機を買うことにした）

with（〜なので）

- **With** all the new changes to the ordering system, many customers are becoming confused.
  （注文システムがすっかり変わり、多くの顧客が混乱している）

- **With** all the pedestrian traffic on Florida Avenue, our shop's employees must always be prepared to deal with walk-in customers.
  （Florida Avenue の歩行者の通行量を考えると、この店の従業員たちは常に飛び込み客に対処できるようにしていなければならない）

　この with は「〜と一緒に」「〜を使って」という意味ではありません。「〜が存在するので、〜を考慮すると」という、状況的な理由を表す少し高度な使いかたです。

like（〜と同様に）

- **Like** other vendors in the area, Rhonda's Sweets offers special discounts to repeat customers.
  （その地域の他の販売業者と同様、Rhonda's Sweets は常連客に特別割引を提供している）

　この like も要注意です。一見動詞にも見えますが、area の後ろにカンマがあり、その後ろに〈主語＋動詞〜〉が続いていますね。この like は「〜のように、〜と同様に」という意味の前置詞。Like から area までが前置詞句です。また次の unlike は like の反対語で、「〜と異なり」という意味になります。

unlike（〜と異なり）

- **Unlike** our competitors, we provide customer support 24 hours per day, 7 days a week.
  （競合他社と異なり、弊社では年中無休のカスタマーサポートをご提供しています）

さて、前置詞は「名詞の前に置かれる語」だと言いましたが、後ろに動詞がくる場合にはこの動詞を名詞の形にしなければなりません。それが動名詞（ing形）です。今度は〈前置詞＋動名詞〜〉で始まる前置詞句を見てみましょう。カンマまでが前置詞句、そのあとにメインの文が続く点は変わりません。

〈前置詞＋動名詞〉の前置詞句

After reading each section, please fill in your answers to the questions below.
（各セクションを読み、下の質問に対する答えを記入してください）

前置詞 after の後ろに動詞 read の ing 形が続いていますね。これが動名詞。after reading 〜 で「〜を読んだあとで」という意味になります。カンマまでが前置詞句で、please 以降がメインの文ですね。

After read**ing** each section, please fill in your answers to the questions below.

前置詞句（前置詞＋動名詞） ← メインの文
前置詞の後ろに動詞がくるときは動名詞（ing形）になる

このパターンの文もいくつか見ておきましょう。

☐ **Before** submit**ting** the form, check that your name and address are spelled correctly.
（用紙を提出する前に、名前と住所が正しくつづられているか確認しなさい）

☐ **Upon** enter**ing** the convention center, attendees are given name badges and an information booklet.
（コンベンションセンターに入ると、出席者は名札と小冊子を渡される）

この upon は on と言っても同じで、「〜するとすぐに」という意味です。on は接触を意味する前置詞で、「その事態に接したらすぐに」というニュアンスを表します。

さて、これまで1語の前置詞で始まる文を見てきましたが、2語以上で一つの前置詞の働きをする「群前置詞」というものがあり、1語の前置詞と同じように使われます。ここでまとめて見ておきましょう。

群前置詞で始まる文

According to our records, your order was shipped on November 4.
(弊社の記録では、ご注文の品は11月4日に発送されております)

上の文頭にあるAccordingは単独では「一致した」という意味の形容詞ですが、ここではAccording toで、セットで「〜によれば」という意味の群前置詞として働いています。これまでと同じように、前置詞句の終わりには目印のカンマがありますね。ここまでが前置詞句です。その後ろにメインの文が続きます。

According to our records, your order was shipped on November 4.
 ┗ 群前置詞句 ┛　　　　　　　　┗ メインの文 ┛
　　　　← 複数の語で一つの前置詞の働きをしている。

それでは群前置詞を使った文を見ていきましょう。どれもTOEICの問題文で使われる群前置詞です。

because of（〜のために）

☐ **Because of** a technical malfunction, all of the factory's pending orders have been delayed.
(技術的な問題のために、その工場におけるすべての注文処理が遅れている)

due to（〜のために）

☐ **Due to** heavy snowfall, the expressway is closed from Cherry Creek to Lamb's Canyon.
(大雪のために、高速道路はCherry CreekからLamb's Canyonまでが閉鎖されている)

aside from (〜とは別に、〜のほかに)

☐ **Aside from** this significant increase in cost, I am also dissatisfied with the quality of service.

（大幅な料金の値上げはともかくとして、私はサービスの質についても不満だ）

as for (〜については)

☐ **As for** the incorrect shipment of cookies you received, please keep them free of charge.

（誤ってお送りしてしまったクッキーにつきましては、そのまま無料でお納めください）

in addition to (〜に加えて)

☐ **In addition to** our award-winning five-star restaurant, we also have several options for casual dining.

（5つ星を受賞したレストランに加え、当施設にはいくつかのカジュアルなレストランもございます）

on behalf of (〜を代表して)

☐ **On behalf of** AQ Ventures, I would like to thank you for attending this seminar.

（AQ Venturesを代表して、当セミナーにご参加いただいたことにお礼申し上げます）

ラヂオポイント

前置詞で始まる文は、前置詞からカンマまでが前置詞句で、メインの文はそのあと始まる。

1-4 分詞構文

よく出る度 👍👍👍

> 名前からして難しそうですよね。

> ものを外見で判断しちゃダメだよ。

　皆さん「分詞」のことはご存じでしょうか。「現在分詞」「過去分詞」と聞くとなじみがあるかもしれませんね。現在分詞は動詞の ing 形、過去分詞は動詞の ed 形です（不規則変化するものもあります）。この分詞で始まる文を「分詞構文」と言います。

現在分詞が作る分詞構文

Using your account ID, you can log on to our Web site.
（アカウント ID を使えば、弊社のウェブサイトにログインすることができます）

　上の文は、動詞 use の ing 形、つまり現在分詞で文が始まっていますね。この文は If you use your account ID, you can log on to our Web site. と言い換えることができます。つまり、Using という現在分詞1語で If you use と同じ意味を表すことができるんです。この Using からカンマまでが修飾句のカタマリで、それ以降がメインの文となります。

　現在分詞で始まる分詞構文は、文脈に応じて「～すれば」「～するとき」「～することによって」などの意味を表します。

Using your account ID, you can log on to our Web site.
現在分詞　　　　　　　　　　　　　　　メインの文
└── 現在分詞で始まる分詞構文

過去分詞が作る分詞構文

過去分詞で始まる分詞構文も見ておきましょう。

> Located only five minutes by car from Collins Station, J. White Hotel is the ideal location for your next business conference.
>
> （Collins 駅から車でわずか 5 分のところにあるので、J. White ホテルは御社の次のビジネス会議に理想的な場所です）

今度は文が Located という過去分詞で始まっていますね。過去分詞は、be 動詞とともに使われると受動態になることからもわかる通り、「〜される」という意味を表します。locate は「〜を（〈場所〉に）位置づける、置く」という意味なので、located だと「〈場所〉に位置づけられて＝位置して」という意味を表します。Located からカンマまでが修飾句で、それ以降がメインの文となります。

> 過去分詞で始まる分詞構文
>
> **Located** only five minutes by car from Collins Station,
> 〔過去分詞〕
> J. White Hotel is the ideal location for your next business conference. 〔メインの文〕

それでは、現在分詞と過去分詞を使った分詞構文をもう一つずつ見ておきましょう。

☐ <u>Taking</u> over 10 years to construct, Rider Tower is a beautiful work of architecture.
（建造に 10 年以上かけられた Rider Tower は美しい建築作品である）

☐ <u>Awarded</u> for its world-class service, Blue Bay Resort & Spa provides guests with an unforgettable experience.
（世界レベルのサービスにより賞を受けた Blue Bay Resort & Spa は、宿泊客に忘れることのできないひと時を提供している）

もう一歩前へ

TOEICの問題文では、メインの文の後ろに補足的につけ加えられる現在分詞の分詞構文もよく出題されます。andと同じような意味で使われる場合がほとんどです。文が終わったあとにカンマに続いて*doing*の形が出てきたら「あれだな」と思ってください。

The film dominated the awards ceremony, receiv**ing** prizes in seven different categories.
（その映画は授賞式の注目を独占し、7つの異なる部門において受賞した）

ラヂオポイント

現在分詞あるいは過去分詞で始まる文は、分詞構文かもしれないと考えよう。分詞構文の場合は、分詞からカンマまでが修飾句。そのあとにメインの文が続く。

1-5 重文

> 「重文」って知ってます！「重要文化財」のことですよね？

> ……

　TOEICの問題文と重要文化財は何の関係もありません。「重文」とは、andやbutなどの接続詞（等位接続詞と呼ばれますが、名前を覚える必要はありません）によって等しい価値の節（〈主語＋動詞〉を含むカタマリ）が結ばれた文を指します。

　節が二つ以上つながっているので、必然的に1文の長さが長くなりますが、接続詞をきちんと見つけて、andなら「そして、そうすれば」（順接）、butなら「しかし、でも」（逆接）、soなら「だから、なので」（理由→結果）という話の流れさえ意識して読めば恐れることはありません。文の長さにひるまないことが大切です。

andでつながった文＝重文

There will be a cocktail party after the training session, and all workshop participants are invited at no extra cost.
（研修会のあとカクテルパーティーがあり、研修会の出席者は全員、追加の費用なしで参加できます）

　この例文は少し長めに見えますが、間の「, and」の前後で切って読めば短い節が二つ並んでいるだけです。

> There will be a cocktail party after the training session,
> 一つ目の節
> **and** all workshop participants are invited at no extra cost.
> 二つ目の節

二つの等価値の節を結びつける接続詞

　落ち着いて読めば簡単ですよね。TOEICの問題文には何行も続く長い文が出てくることもありますが、接続詞に注意して読むと短い節が並んでいるだけのことも少なくありません。なので、一見とても長い文が出てきても、接続詞までを意味を取りながら読み（訳すという意味ではありませんよ！）、接続詞を確認してさらに続きの節を理解しながら読む、というようにして進めていけば、案外スムーズに長文を読みくだすことができます。

　以下にいくつか例を挙げましたので、重文のリズムに慣れてください。

and（そして、そうすれば）

☐ Please fill out the form attached to this e-mail, **and** I will call you later this week in regards to your order specifications.

（このEメールに添付した用紙に記入してください。そうしましたら、今週中にご注文の詳細についてお電話にてご連絡いたします）

but（しかし、でも）

☐ Experience in a management role is preferred, **but** candidates without a background in management are still welcome to apply.

（管理職の経験があることが望ましいが、未経験者の応募も歓迎）

so（だから、なので）

☐ We want all of our customers to be satisfied, **so** please do not hesitate to contact our support center if you have any questions or concerns.

（弊社ではすべてのお客さまにご満足いただきたいと願っておりますので、何か疑問点や気になる点がございましたら、サポートセンターまで遠慮なくご連絡ください）

プラチナポイント

二つ以上の節が and（そして）、but（しかし）、so（だから）でつながれた文は重文。文の長さに焦らず、とりあえず接続詞まで理解することを心がけよう。

1-6 複文 (1)

よく出る度 👉👉👉

> 重文の次は複文だよ。重文と比べると少し構造が複雑だけど、この二つのパターンを見抜けるようになると、長い文が怖くなくなるよ。

> そうだといいんですけど……

皆さんは学校で、接続詞の because や when を使った英文を習ったのを覚えていますか？「複文」とはそのタイプの文を指します。重文の場合と違い、二つの節が対等ではなく、主と従の関係でつながっています（それぞれ「主節」「従属節」と呼びます）。具体的に例文で見てみましょう。

if 節を含む文

If we do not receive the package within 14 days, we will be unable to issue you a refund.
（14日以内に荷物がこちらに届かない場合は、返金できなくなります）

　ネットショップで買ったものについている説明書きの一節のような文ですね。文の前半は if で始まる節、カンマの後ろは普通の節になっています。この文では If からカンマまでが従属節、we will 以降が主節となります。名前からも想像がつく通り、従属節はいわば「飾り」で、主節がこの文の本体です。つまり、「14日以内に荷物がこちらに届かない場合は」は、「返金できない」の条件を示しているだけですね。この文で大事なのは「返金できない」の部分なのです。この従属節を導く接続詞（この文では if）を「従属接続詞」と呼びます。

> If we do not receive the package within 14 days,
> 【従属接続詞 if が従属節を導いている】【従属節】
> we will be unable to issue you a refund.
> 【主節】

　重文と違い、複文では従属節は主節の後ろに置くこともできます。従属節が後ろにくる場合は、接続詞の前にはカンマを入れないのが普通です。

☐ We will be unable to issue you a refund if we do not receive the package within 14 days.　←カンマは入らない
（14日以内に荷物がこちらに届かない場合は、返金できなくなります）

　さて、TOEIC の問題文には多様な従属接続詞を使った文が登場しますので、ここで代表的なものを見ておきましょう。文の構造はどれも同じですが、接続詞の意味がそれぞれ異なるので注意してください。

when（〜するとき、〜すると）

☐ Your assistant William told me the confirmation numbers **when** I spoke with him on the phone this morning.
（今朝あなたのアシスタントの William さんと電話でお話ししたとき、彼が予約番号を教えてくれました）

as（〜するとき／〜するにつれて／〜する通りに）

☐ Bear in mind the following safety precautions **as** you travel around the city.
（その街を旅行して回るときは、以下の安全対策を心がけてください）

☐ **As** fuel prices continued to rise, Zipstar realized that they needed to change their business model.
（燃料費が上がり続けるにつれて、Zipstar はビジネスモデルを変える必要があると気づいた）

☐ **As** you have requested, all correspondence will be sent to your assistant, Mr. James Flynn.
（ご要望いただきました通り、すべての文書はアシスタントの James Flynn さんにお送りします）

before（〜する前に）

☐ We had to walk through the mall several times **before** we finally found the shop.
（私たちは最終的にその店を見つけるまで、ショッピングモール中を何度も歩き回らなければならなかった）

after（〜したあとで）

☐ The issue will be discussed at the next executive meeting **after** every board member has had a chance to review the proposal.
（その提案は役員全員が検討したあと、次回の役員会において議論される）

once（一度〜すると）

☐ **Once** the machine is turned on, it takes over 30 minutes to shut it down completely.
（その機械は一度電源を入れると、完全に止めるには30分以上かかる）

while（〜する間）

☐ **While** visiting the ancient capital, you should try one of these famous local restaurants.
（その古代の首都での滞在中に、地元の有名なレストランのどれかに入ってみるべきだ）

whenever（〜するときはいつでも）

☐ You should inform your manager **whenever** a customer makes a complaint.
（顧客から苦情があったときはいつでも上長に報告したほうがいい）

though/although（〜だけれども）

☐ **Though** other hotels in the area are cheaper, none of them can match Grand Market Hotel in luxury or service.
（その地域のほかのホテルのほうが安いが、豪華さとサービスではGrand Market Hotelに匹敵するホテルはない）

because（〜なので）

☐ **Because** it may cause damage to their beautiful color, you should not place these copper pans in the dishwasher.
（美しい色が損なわれる可能性があるので、これらの銅鍋は食洗機に入れるべきではない）

since（〜なので／〜して以来）

☐ **Since** you did not include an order number in your previous e-mail, I am unable to find any record of your purchase.
（前回のEメールにご注文番号がありませんでしたので、ご購入記録を見つけることができません）

☐ I am impressed by the fact that the company has grown in profits every single month **since** it was founded eight years ago.
（8年前に創立されて以来、会社が毎月利益を伸ばし続けてきたという事実に感銘を受けています）

unless（〜でなければ）

☐ Posting items on the noticeboard is prohibited **unless** specifically authorized by a department manager.
（部門長に特別に許可を得ない限り、掲示板にものを貼ることは禁じられています）

　ずいぶんたくさんの種類の従属接続詞がありましたね。どれもTOEICの問題文でよく使われるものばかりなので、何度も読んで慣れておきましょう。
　ところで、1語ではなく、複数の語で一つの接続詞の働きをするものもあります。今度はそうしたものを見ておきましょう。

as soon as（〜するとすぐに）

☐ The contract will take effect **as soon as** every board member has signed it.
（契約はすべての役員が署名をするとすぐに発効する）

as long as（〜する限り）

☐ Your security deposit will be returned to you after your stay **as long as** everything in the apartment remains in good condition.
（保証金はアパート内部のすべてが良好な状態を保っている限り、退室後に返金されます）

each time（〜するたびに）

- **Each time** you make a purchase at Rick's Toyshop, you will receive a coupon valid on your next visit.

  （Rick's Toyshop で商品をお買い上げになるごとに、次回お使いいただけるクーポンを差し上げます）

in case（〜するといけないので）

- **In case** you deleted the e-mail message I sent you last month, I've attached the hotel and flight reservation details.

  （先月お送りしたEメールを消してしまっているといけないので、ホテルと飛行機の予約の詳細を添付しました）

provided that（〜するという条件で）

- Employees are not required to purchase a uniform, **provided that** they have a suitable substitute.

  （従業員は、それに代わるふさわしいものがあれば制服を購入する必要はありません）

even if（たとえ〜でも）

- Mr. Reese argued that the risky project should be canceled, **even if** it has the potential to be highly profitable.

  （Reese さんは、たとえ大きな利益を生む可能性があっても、その危険を伴うプロジェクトは中止するべきだと言った）

> **プラチナポイント**
>
> 複文では、従属接続詞を目印に主節と従属節をきちんと区別して文構造を正しく把握することが大切。従属節は文の前半に来ることも後半に来ることもある。

1-7 複文 (2)

> また「複文」？ あんなにたくさん見たのに、まだあるんですか？

> うん、ちょっと種類が違うんだよ。

そんなに複雑な話ではないので、安心してください。前のセクションで、いろいろな従属接続詞について見ましたが、どれも主節と従属節が別々にあって、従属接続詞が従属節を導いていましたね。でも、従属節が主節の一部になっているパターンがあるんです。一番代表的なのが接続詞 that を使った文です。

that 節を含む文

Mr. Sellers said that the new office will be equipped with new computers.
(Sellers さんは、新たなオフィスには新しいコンピュータが備えつけられると言った)

say that というつながりは、皆さん見たことがあるでしょう。「〜と言う」という意味ですね。この that は「〜ということ」を意味する接続詞で、文法的に言うと、この that が導く節が say という動詞の目的語になっています。つまり that の導く節 (＝従属節) が主節の一部を構成しているわけですね。that が後ろの節をまとめる箱のような役割をしていると考えるとわかりやすいかもしれません。

```
Mr. Sellers said
  主節の主語  主節の動詞
that the new office will be equipped with new computers.
                        主節の目的語（従属節）
```
接続詞 that が従属節の「箱」を作っている

　think の目的語になる that 節もきっとおなじみでしょう。「〜と思う」という意味ですね。

☐ They think **that** the recent decrease in sales is related to the hurricane.
（彼らは、最近の売上の減少はハリケーンに関係していると考えている）

　このように that 節が動詞の目的語になる場合、that は省略される場合があります。接続詞もないのに 1 文に動詞が二つ出てきたら、that が省略されているのではないかと考えてみましょう。

☐ They think ⌣ the recent decrease in sales is related to the hurricane.
（彼らは、売上の減少はハリケーンに関係していると考えている）

　ところで、この that 節は主語になることもあります。

☐ **That** the restaurant is so popular is no doubt a direct result of the chef's creative menu.
（そのレストランがそれほど人気があるのは、間違いなく、シェフの創造的なメニューの直接的な結果だ）

　文頭の接続詞 That から二つ目の動詞 is の直前までがカタマリ（＝従属節）で、文の主語になっています。最初に that と the が続いていてもミスプリではありません。that の後ろに主語らしきものが出てきたら、「接続詞の that だな」と思って箱をイメージしながら読むことが大切です。どこからどこまでがカタマリなのかを意識しながら読めば、文の構造がわからなくなることはありません。
　ちなみに、主語になる that 節の場合、that が省略されることはありません。

もう一つ、TOEICの問題文でよく使われる複文があります。それは目的語が疑問詞で始まるパターンです。

間接疑問文

The quality inspector will examine how each department is managing its projects.
（品質検査担当者は各部署がプロジェクトをどのように管理しているかを調べる）

　上の文は、主語が The quality inspector、動詞が will examine ですが、この examine の目的語が疑問詞 how で始まっていますね。how から文末までが動詞 examine の目的語になっているんです。このように疑問詞で始まる節が動詞の目的語になっている文を「間接疑問文」と呼びます。
　間接疑問文では、疑問詞のあとの語順が疑問文から平叙文の語順に戻ります。上の文で言うと、is each department managing its projects ではなく each department is managing its projects となっているわけです。

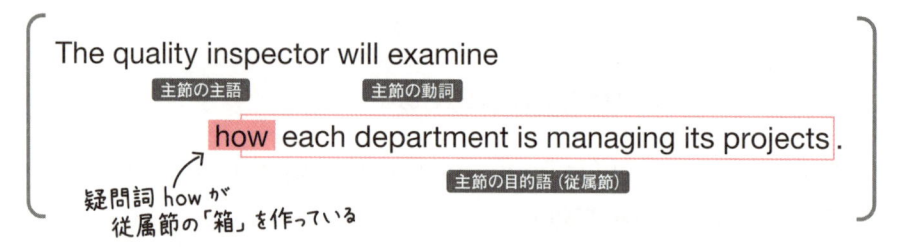

The quality inspector will examine
　　主節の主語　　　　　主節の動詞
　　　　　　how each department is managing its projects.
　　　　　　　　　　　　　　主節の目的語（従属節）
疑問詞 how が
従属節の「箱」を作っている

　「会議がいつあるか知っていますか」、「この機械はどのように動かしたらいいか教えてください」……疑問詞がいつも文頭にあればわかりやすいのですが、具体的なビジネスなどの場面では、疑問文が「知っている」「教える」といった動詞とともに使われるのは日常茶飯事です。
　TOEICの問題文に登場しそうな間接疑問文をいくつか見て、疑問詞が文頭ではなく文中に登場するパターンにも落ち着いて対処できるようにしておきましょう。

- ☐ Find out **how many** people will be attending before you order food for the party.

   (パーティーの食事を注文する前に、何人出席するのか調べてください)

- ☐ Please let me know **whether** you will accept the position no later than September 21.

   (職を引き受けられるかどうか、遅くとも9月21日までにお知らせください)

   * この whether は「〜するかどうか」の疑問を示す接続詞で、文法的には疑問詞ではありませんが、疑問詞と同じ働きをしています。

> **プラチナポイント**
>
> 文頭に使われる接続詞の that や文中に使われる疑問詞にも落ち着いて対処できるようにしよう。

1-8 さまざまな主語の後置修飾

よく出る度 👉👉👉

「あとおき修飾」って何のことですか？

「こうち修飾」って読むんだよ。難しく考えなくて大丈夫。単に主語を後ろから修飾するってこと。

これまでいろいろなパターンの文を見てきて、長めの文を読むことにもずいぶん慣れてきたのではないでしょうか。英語の文を読むときには、主語がどれで動詞がどれかを正しく見抜くことが、何と言っても基本中の基本。

ここでは、主語の後ろにいろいろな修飾語句がつくパターンを見てみましょう。「これはまだ修飾語句だ。ちゃんと動詞を見抜くぞ」と思いながら読むことが肝心です。

前置詞句による主語の後置修飾

最初の文はこれ。

> Information on accommodation options near the convention center is also available in the official brochure.
> （コンベンションセンター付近の宿泊施設に関する情報は公式パンフレットにも掲載されています）

どうですか？ 主語と動詞がどれだかわかりましたか？ 文が Information という名詞で始まっているので、これが主語かなということはわかるのですが、動詞の is は後ろのほうになってやっと出てきます。つまり on から center までが主語の名詞を修飾しているのです。このように名詞を後ろから修飾することを「後置修飾」と言います。主語の直後に動詞がなくても、慌てずに動詞が出てくるのを待ちながら読

み進めましょう。

> <u>Information</u> on accommodation options
> 　　【主語】　↑
> 　　前置詞句が後ろから　　near the convention center
> 　　　主語を修飾している　　　　　　　　is also available in the official brochure.
> 　　　　　　　　　　　　　　　　　　【動詞】

　修飾語句の部分を薄くしてしまうと、文の構造がハッキリしますね。慣れてしまえば主語の後ろにどんな修飾語句が来ても動詞を見失うことはなくなりますよ。いくつか同じパターンの文を見ておきましょう。

☐ The presentation **by** Dr. Ethan Fergusson offered a detailed look into the social behavior of honeybees.
（Ethan Fergusson 博士による発表は、ミツバチの社会行動についての詳細な見解を示した）

☐ Orders **of** custom-made dishes or dining utensils require a deposit of no less than $100.
（特注の皿や食器の注文には、少なくとも 100 ドルの頭金が必要だ）

☐ Expedited shipping **from** our warehouse in Denver typically takes two to three business days.
（Denver の倉庫からの速達配送は通常 2〜3 営業日かかる）

073

前置詞句以外の語句で修飾されることもあります。今度は分詞句が後ろから修飾するパターンを見てみましょう。

現在分詞による主語の後置修飾

Conference attendees wishing to participate in the private round-table discussion can apply on the official Web site.
（非公開の討論会に参加をご希望の会議出席者の方は、公式ウェブサイトでお申し込みになれます）

　この文の主語は Conference attendees、すぐ後ろにある wishing は現在分詞で、wishing から discussion までがカタマリとして Conference attendees を修飾しています。現在分詞は「〜している」という意味を表すのでしたね。そして動詞は can apply。修飾語句を薄くしてみると次のようになります。

Conference attendees wishing to participate in
　　　　主語　　　　　　　　　　the private round-table discussion
現在分詞で始まる句が　　　　　　　can apply on the official Web site.
後ろから主語を修飾している　　　　動詞

　過去分詞が後ろから主語を修飾することもあります。

☐ Beverages produced at this factory are shipped to stores all over the world.
（この工場で製造された飲料は世界中の店に出荷される）

　この文では、produced から factory までが修飾語句です。動詞は are shipped。もう大丈夫ですよね。それでは、このパターンの文もいくつか見ておきましょう。

- □ A memorial park <u>celebrating</u> the 50th anniversary of the event will open to the public on Thursday, March 2.
  （その出来事の50周年を祝う記念公園が3月2日の木曜日に一般公開される）

- □ Buildings <u>designed</u> by famous architects such as Gustav Rivera typically cost a considerable amount of money to construct.
  （Gustav Riveraのような有名な建築家によって設計された建物は、一般的に建てるのに莫大な費用がかかる）

もう一歩前へ

次の文を見てください。

The funds **raised** will be used to build a new homeless shelter downtown.
（集められたお金は、ホームレスのための新たな保護施設を街なかに建てるために使われる）

　raisedが1語で直前の名詞を修飾していますね。学校では、分詞が1語で名詞を修飾する場合は名詞の前に置かれ、複数の語で修飾する場合は名詞の後ろに置かれると習うかもしれませんが、実際にはこのように分詞1語で名詞を後ろから修飾する使いかたもしばしば見られます。動詞が続いても慌てず、どちらが本物の動詞なのか考えるようにしてみてください。

最後に、不定詞句が主語を後ろから修飾するパターンを見てみましょう。

不定詞句による主語の後置修飾

> A great way to encourage new employees is through the use of detailed feedback.
> （新入社員のやる気を促すのによい方法は、細かくフィードバックを行うことだ）

もう大丈夫でしょうか？ to から employees までがカタマリとして主語の A great way を修飾しています。学校で「不定詞の形容詞的用法」として習ったやつですね。別に難しく考える必要はありません。名詞を修飾するから形容詞の働きをしているよね、と言っているだけです。

A great way to encourage new employees
【主語】
不定詞句が後ろから主語を修飾している
is through the use of detailed feedback.
【動詞】

このパターンについても、例文をもう一つ見ておきましょう。

☐ **Failure to** respond to this e-mail by October 24 will result in the cancellation of this offer.
（10月24日までにこのEメールにご返信いただけない場合は、今回のご注文はキャンセル扱いになります）

ここでは前置詞句や、分詞句、不定詞句が主語を後ろから修飾するパターンを見てきましたが、これらは主語だけでなく、目的語など文中のいろいろな名詞を修飾します。でも、使いかたはどれも同じ。出てきたら、「あ、これは修飾部分だな」と思うようにしましょう。

プラチナポイント

主語を後ろから修飾する語句に惑わされないようにしよう。本当の動詞が出てくるまでは修飾語句だ。

1-9 関係詞

> よく出る度 ♥♥♥

前のセクションの主語の後置修飾、どうだった？ 主語の後ろに修飾語句がゴテゴテついていても、動詞がどれかを見つけられれば文の構造はわかるからね。ここでは後置修飾の代表格、関係詞について見てみよう。

やっぱり、関係詞は避けて通れないですかぁ……

中学時代の嫌な思い出があるんでしょうか。関係代名詞を嫌がる学習者は少なくありませんが、TOEIC のリーディング問題では、細かい使い分けが問われたりするわけではないので、そんなに恐れることはありません。関係詞も前のセクションのパターンと同様、名詞を後ろから修飾するのが基本的な働きですから、関係詞が導くカタマリを修飾語句だと思って（頭の中で）文字を薄くするイメージで読んでみてください。文の構造がしっかり見えてきますよ。

関係代名詞の文

Customers who bring in their receipt on their next visit will receive a 10% discount on their purchase.
（次にご来店の際にレシートをお持ちのお客さまには 10 パーセントの割引をいたします）

上の文には関係代名詞が含まれていますが、どれかわかりますか？ そう、正解は who です。文中に動詞に見えるものが bring と will receive の二つありますね。who からこの二つ目の動詞 will receive の前までが関係詞節で、who の直前の名詞 Customers を修飾しています。この関係詞節を薄くしてみましょう。

> Customers who bring in their receipt on their next visit
> 主語　　関係詞節が後ろから主語を修飾している
> will receive a 10% discount on their purchase.
> 動詞

　どうですか？ 薄字の部分を無視して考えると、ずいぶん文の構造が単純になりましたね。関係詞節が主語を後ろから修飾する「飾り」だということを理解しましょう。実際の試験で文字を薄くするわけにはいきませんが、そのつもりで読むことで、難しそうに見えていた文がずっと読みやすくなります。

　ところで、関係詞節は主語を修飾するだけではありません。次の文を見てください。

☐ We have three different products in our inventory **that** may be appropriate for your needs.
（私どもの在庫の中にあなたのニーズにふさわしい三つの異なる製品があります）

　上の文では、関係代名詞 that で始まる関係詞節が three different products を修飾していますね。また次のような例もあります。

☐ Travelers **who** will be affected by the flight cancellation will receive a list of alternative flights **that** are available this evening.
（飛行便のキャンセルの影響を受けた旅行客の皆さまには、今晩ご利用になれる代替便のリストをお渡しします）

　上の文では who から cancellation までの関係詞節が主語の Travelers を、また that から文末までの関係詞節が目的語の一部の alternative flights をそれぞれ修飾しています。1文に二つも関係詞が出てくると嫌になりそうですが、関係詞節を修飾語句と認識できれば、骨組みの文は Travelers will receive a list of alternative flights. となって単純だとわかります。

詳しくは文法を扱った姉妹編に譲りますが、目的格の関係代名詞は省略されることがあります。この場合は名詞（＝先行詞）の後ろに主語らしき語が続くのでそれが目印になります。次の文を見てください。

関係代名詞の省略

All of the items we sell at CGG International are made from high-quality ingredients.
（CGG International でわが社が販売している商品はすべて、高品質の材料で作られている）

All of the items が主語のようですが、その直後に we が続いていてヘンですね。それに、sell という動詞の少し後ろにまた are made が続いています。読んでいて「あれ、なんか変だな」と思ったら、文の構造を考えてみましょう。この文では、we の直前に関係代名詞が省略されているんです。それを補って文の構造を考えると次のようになります。

関係代名詞 that が省略されている

All of the items (that) we sell at CGG International
　　主語
are made from high-quality ingredients.
　動詞

この場合も、修飾節を薄くするイメージで主語と動詞を捉えられれば、文構造は正しくつかめますね。この文の場合は All of the items という名詞の直後に we という主語らしき単語が続いているので、「これは、もしや関係代名詞が省略されているのでは」と見当をつけるわけです。

> **もう一歩前へ**
>
> TOEICでは時に、those whoという形が登場します。実は、thoseには「人々」を意味する使いかたがあって、those who ～で「～する人々」という意味を表します。
>
> **Those who stay after the performance will have a chance to meet with the performers.**
> （公演後も残られた方には演技者と会うチャンスがございます）
>
> このwhoも関係代名詞なので、whoの導く関係詞節と文の動詞をきちんと見極め、「～する人々は……する」という文の構造を読み取りましょう。

TOEICの問題文でよく見られる関係詞の使いかたの一つに、直前にカンマを伴って文に補足的につけ加えられる使いかたがあります。

関係詞の非制限用法

> Mrs. Chambers works at Rooks Wedge Inc., which is a prestigious legal firm.
> （ChambersさんはRooks Wedge社で働いている。同社は有名な法律事務所だ）

　上の例文は、カンマまでで「ChambersさんはRooks Wedge社で働いている」という意味の文として完成しています。カンマ以降は、「同社は有名な法律事務所だ」と直前の名詞Rooks Wedge Inc.を説明するいわば補足。このようにカンマを伴った関係詞の使いかたを「非制限用法」といいます。でも、そんな名前は気にすることはありません。「カンマ＋関係詞」が出てきたら、「そして、それは」、「そして、その人は」と文をつなげていくように考えればいいんです。

> Mrs. Chambers works at Rooks Wedge Inc., which is a prestigious legal firm.
> 名詞 / 関係代名詞
> 「そして、それは…」

このパターンの文もいくつか見ておきましょう。

☐ Enclosed is your detailed tour itinerary, **which** will help you in staying organized throughout your trip.
（ツアーの詳しい日程を同封いたしました。ご旅行中の予定のご確認にお役立ていただけるかと思います）

☐ Call 555-8902 to speak with one of our housing experts, **who** are prepared to help you with every phase of your move.
（当社の住宅のプロとお話しになるには555-8902までお電話ください。お引っ越しのあらゆる段階でお手伝いさせていただきます）

☐ The circus will be in town until 14 June, **when** it will move to Los Angeles.
（サーカスは6月14日まで町で興行し、その後Los Angelesに巡回します）

☐ Scholarship recipients will be flown to Santiago, Chile, **where** they will learn from some of the world's leaders in software development.
（奨学金受給者はチリのSantiagoまで飛行機で行き、そこでソフト開発の世界的なリーダーたちに指導を受ける）

　最後の2文の関係詞はwhenとwhereでした。これらは関係副詞と呼ばれ、whenは時間を表す語、whereは場所を表す語を先行詞として修飾語句を導く副詞の役割を果たしますが、問題文を読むときにはあまり文法的なことを気にする必要はありません。whenが出てきたら「そして、それから」、whereが出てきたら「そして、そこで」と考えて読み進めればOKです。

もう一歩前へ

TOEICの問題文を読んでいると、〈前置詞＋関係詞〉の形に出くわすこともあります。前置詞も関係詞もハッキリした意味を持つ言葉ではないので、「？」となるかもしれませんが、この前置詞を後ろに出てくる動詞と組み合わせて考えると意味がわかりやすいので試してみてください。

He is best known for his novel *The Ugliest Mouse,* for which he received the Harvey Belt Prize for Fiction.
（彼は小説『The Ugliest Mouse』で非常によく知られており、その著作に対してHarvey Belt Prize for Fictionを受賞した）

　上の文であれば、he received the Harvey Belt Prize for Fictionの後ろにfor his novel *The Ugliest Mouse* を補って考えると「彼は『The Ugliest Mouse』のためにHarvey Belt Prize for Fictionを受賞した」というつながりになりますね。このforは「〜のために」という意味だとわかれば、for whichは「そのために」と考えて読み進めればいいのです。

ラヂオポイント

関係詞節も修飾語句の一種。関係詞節がどこで終わるのかを見極めて、文構造を正しくつかもう。カンマで始まる補足的な関係詞節は、「そして」でつなぐイメージで読み進めよう。

1 10 挿入

よく出る度

また、名前だけ見て難しそうとか決めつけちゃだめだよ。全然難しくないんだから。

ホントですか〜。

本当です。「挿入」とは「間にはさみ込むこと」で、英文の途中に句や節が割り込んだものを指しますが、問題文ではその前後にカンマがついているので見分けるのは簡単です。もちろん内容を読む必要はありますが、英文の構造を考える場合は、そこは無視してしまって大丈夫。一見長く見える英文にこの挿入句や挿入節が割り込んでいる場合も多く、それさえ気づけば文の構造は意外にシンプルだったりします。

句の挿入

DW Tech Institute, the highly prestigious engineering school, is now planning to start offering online courses.
（超名門の工業学校である DW Tech Institute は、現在、オンラインコースの提供を始める計画をしている）

まずは、一番代表的な「同格」の例から。上の文は文頭の DW Tech Institute の直後にカンマがあり、the highly prestigious engineering school という名詞句が続いたあと、またカンマをはさんで動詞の is が出てきます。この文の主語は DW Tech Institute で動詞は is なのですが、間に主語の DW Tech Institute を言い換えて説明する the highly prestigious engineering school がはさみ込まれているわけです。この DW Tech Institute と the highly prestigious engineering school は文法的な機能が同じなので、この関係を「同格」と呼びま

すが、文構造を捉えるには挿入部分は無視してしまって構いませんし、問題文を読むときは「つまり」くらいの気持ちで読み進めれば大丈夫です。

DW Tech Institute, the highly prestigious engineering school,
【名詞】　　　　　　　　　　　　　　　　【同格】
is now planning to start offering online courses.
【動詞】

同格句は直前の名詞を補足説明しているだけ

次に、「例示」について見ましょう。

□ Our subsidiary companies, **such as** ETT Flash and Bloomridge, have been showing steady profits this year.
（当社の子会社、例えば ETT Flash や Bloomridge は、今年着実に利益を上げている）

この文も目印はカンマ。such as ... Bloomridge の前後にカンマがついていますね。such as は「（例えば）〜のような」という意味ですから、Our subsidiary companies, such as ... で「…のような子会社」という意味になるわけです。この挿入部分も文法的にはないものと考えて問題ありません。簡単ですよね。such as ではなく like が使われる場合もありますが、意味は同じです。「例えば」くらいの意味だと思ってどんどん読み進めましょう。

節の挿入

今度は節が挿入されるパターンです。

□ What caused the problem, **said** Mr. Lee, was a lack of communication and planning.
（問題の原因は、コミュニケーションと計画の欠如だ、と Lee 氏は言った。）

said Mr. Lee（Lee 氏が言った）という表現は、きっと皆さんも見たことがありますよね。その言った内容が長い場合、said Mr. Lee の部分が文の途中に挿入される場合があるんです。わかりづらければ挿入部分を文末に移して考えれば OK。

二つのカンマが目印になるので簡単ですよね。挿入部分をないものと考えて文意を正しく捉えましょう。

では、次の文の意味はわかりますか？

☐ Please be aware that, **as** I mentioned during the interview, this job will not be available until January of next year.
（面接のときにも申し上げた通り、この仕事は来年1月まで求人がない点、ご注意ください）

これも2つのカンマを目印にすれば挿入部分は簡単に見分けがつきますよね。as は p. 064 で学んだ従属接続詞で「〜する通りに」という意味。ここでは as I mentioned during the interview で「面接のときに言及した通り」という意味を表しています。この場合もこれまでと同じように、挿入部分の意味は理解しつつ、でも文の構造としてはないものと考えて主語と動詞を見抜き、文意を正しく捉えましょう。

もう一歩前へ

過去分詞で始まる句が挿入されるパターンもあります。

Pell Fresh, **known** for its sparkling water, recently released a new line of sugar-free sodas.
（スパークリングウォーターで知られる Pell Fresh は、近ごろ新商品の無糖炭酸飲料を発売した）

過去分詞なので、「〜されている」という意味を表します。この文で言えば挿入部分は「スパークリングウォーターで知られている」という意味。でも、これまでと考えかたは同じです。文の構造を把握するときは、挿入部分はないものと考えましょう。

プラチナポイント

二つのカンマではさまれた挿入部分は、意味だけ理解しつつ、文の構造としてはないものと考えて読み進めよう。

11 等位接続詞・相関接続詞など

よく出る度 👆👆👆

> あれ、「等位接続詞」って言葉、どこかで出てきませんでした?

> よく覚えていたね。覚えなくても大丈夫って言ったんだけど……。

重文のところで出てきたのが、等位接続詞。名前は覚えなくてもいいのですが、and や but、or など、価値の等しい節を結びつける接続詞として学びました。ただこれらの接続詞が結びつけるのは節だけではありません。単語と単語、あるいは句と句も結びつけます。ポイントは、結びつけられるものが等価値だということ。でも、話が抽象的でわかりづらいと思うので、実際の例文を見てみましょう。

主語が等位接続詞で結ばれた文

Your résumé and cover letter detailing relevant work experience will be reviewed by our hiring team sometime within the next few weeks.
(貴殿の履歴書と関連業務の経験を詳述したカバーレターは、数週間以内に弊社の雇用チームが検討させていただきます)

上の文、動詞は will be reviewed で、その前はすべて主語なのですが、ちょっと長めですよね。よく見ると and が入っています。つまり A and B の形で主語が長くなっているわけです。でも、それさえ気づけば文構造はシンプルですよね。

```
┌                                                              ┐
│ Your resume                                  主語              │
│     and                                 二つの主語が            │
│ cover letter detailing relevant work experience  接続詞 and で │
│ will be reviewed by our hiring team sometime   結ばれている    │
│     動詞                                                      │
│                        within the next few weeks.            │
└                                                              ┘
```

　このように、主語や目的語が等位接続詞で結ばれて長くなっていても、それに惑わされず、文の構造をきちんと捉えましょう。次の文はどうですか？

☐ The 600-page report includes a breakdown of the company's current financial situation, an overview of upcoming projects, **and** a detailed commentary on the state of the industry.

（600ページの報告書には、社の現在の財務状況の内訳、次のプロジェクトの概要、業界の現状についての詳細な解釈が含まれている）

　今度は、主語は The 600-page report 一つですが、動詞 includes の目的語が三つ列挙されています。a breakdown of the company's current financial situation と an overview of upcoming projects と a detailed commentary on the state of the industry ですね。このように三つ以上のものを列挙する場合は英語では A, B, and C という書きかたをします。ものが列挙される文は必然的に長くなりがちですが、構造さえわかってしまえばどんどん読み進められますよね？

等位接続詞は名詞や名詞句だけを結びつけるわけではありません。今度は名詞以外のものが結びつけられているパターンを見てみましょう。

前置詞句が等位接続詞で結ばれた文

The money-back guarantee is only valid for purchases made from our online store or from a certified dealer.
（返金保証は、弊社オンラインストアあるいは認定販売業者からご購入の商品に限り有効です）

わかりますか？ ここでは前置詞で始まるカタマリ（前置詞句）が接続詞 or で結びつけられています。次のように図解してみるとハッキリしますね。

The money-back guarantee is only valid for purchases made
<u>from our online store</u>
  or
<u>from a certified dealer.</u>

二つの前置詞句が接続詞 or で結ばれている

上の文では前置詞句の from our online store と from a certified dealer が等価値なものとして並んでいるわけです。このように、等位接続詞で並置されるものはいろいろとあります。TOEIC の問題文でもよく見られるものをまとめて見ておきましょう。

動詞
☐ Please read over the proposal **and** let me know if there are any problems with it.
（提案書に目を通して、何か問題があれば教えてください）

助動詞
☐ The tournament will be held in Madrid, Spain, **and** will include teams from every nation in the EU.
（トーナメントはスペインのマドリードで開催され、EU のあらゆる国のチームが参加する）

過去分詞

☐ Our organic apples, grown on our 200 acre farm in Washington **and** never treated with chemicals, have a reputation for their delicious flavor.

（当農園の有機リンゴは、ワシントンの 200 エーカーの農場で栽培され、化学薬品を一切使用せず、素晴らしい風味で高い評価を得ています）

節

☐ All of the companies that I contacted indicated that they are adequately staffed **and** that they will not be hiring anyone in the immediate future.

（私が連絡を取ったどの会社も、スタッフは足りており、近い将来人を雇用する予定はないと言った）

☐ Do not forget to ask Claire if there are any foods that her parents do not like **or** if they have any allergies.

（Claire に、彼女の両親の嫌いな食べ物がないか、あるいはアレルギーがないかを忘れずに聞いてください）

このように等価値の語句を結びつけるものには、等位接続詞のほかに、相関接続詞と呼ばれるものがあります。名前はなんだか難しげですが、要するに 2 語以上でセットになった接続詞のことで、熟語の一種だと思えば大丈夫。皆さん、聞き覚えのあるものばかりだと思いますよ。

not only ~ , (but) also ...

Not only does our hotel feature fine dining options at three different restaurants, we can also have food from any of these restaurants delivered directly to your suite.

（当ホテルは三つの異なるレストランにおける素晴らしい食事の機会をお楽しみいただけるだけでなく、これらのレストランからお部屋まで直接お食事をお届けすることもできます）

上の文の Not only と also がセットで「～だけでなく…もまた」という意味を表します。

> **Not only** does our hotel feature fine dining options at three different restaurants, we can **also** have food from any of these restaurants delivered directly to your suite.

※ Not only と also のセットで「～だけでなく…もまた」の意味を表す

同じような相関接続詞を見ていきましょう。

both *A* and *B*（A も B も）

☐ **Both** men **and** women are invited to participate in the 4th Annual Mud Run taking place September 14.

（男性も女性も 9 月 14 日に行われる毎年恒例の第 4 回 Mud Run にご参加いただけます）

either *A* or *B*（A か B か）

☐ I am available for a meeting **either** in the morning on Monday, October 3, **or** in the afternoon on Friday, October 7.

（私は 10 月 3 日月曜日の午前中か 10 月 7 日金曜日の午後であれば、打ち合わせの時間を取ることができます）

whether *A* or *B*（A であれ B であれ）

☐ **Whether** you are a novice with limited experience in the kitchen **or** a professional chef looking to expand your menu, Kim's Thai Cooking School can help you.

（あなたが厨房経験の少ない新人であれ、メニューの幅を広げたいプロのシェフであれ、Kim's Thai Cooking School はお力になります）

相関接続詞ではありませんが、*A* as well as *B*（A も B も）の成句もほとんど同じような使われかたをします。TOEIC では非常に使用頻度の高い表現なので、ぜひあわせて覚えておいてください。

A as well as *B* (AもBも、BだけでなくAも)

☐ The tour guide took us to a local farmers market **as well as** to a number of historical buildings.
（ツアーガイドは私たちを、数々の歴史的建造物ばかりでなく地元の産直市場にも連れていってくれた）

プラチナポイント
等位接続詞や相関接続詞で文が長くなっている場合があるが、つながれている語句が文法的に等しい価値を持つ言葉であることを意識し、セットで把握すれば、文構造は捉えやすくなる。

12 無生物主語

よく出る度 ❤️❤️🤍

> なんで生きてないものが主語になれるんですか？
> 生きてないものが何かすると言うんですか？

> まあまあ……。

　これは英語の特徴の一つなんですが、例えば「この調査で、～ということがわかった」という代わりに「この調査は～ということを示している」という言いかたをすることがあるんですよ。わかりますよね？　別に調査がどこかに出かけていって何かをするというわけではないのですが、英語では、ものやことを主語にした文をよく使います。これを「無生物主語」っていうんです。

無生物主語の文

> Studies have shown that giving children books improves their test scores and increases their reading speed.
> （研究によって、子どもたちに本を与えると、彼らのテストの点が上がり、読むスピードも向上するということがわかっている）

　無生物主語の文では、主語と動詞を見つけるのは簡単です。文の最初に出てきますからね。この文で言えば Studies が主語で、have shown が動詞です。問題文を読んでいて、studies のような名詞が主語に出てきても「？」と引っかからないように、そういう英語の発想法に慣れておくことが大切です。

Studies **have shown** that giving children books improves their test scores and increases their reading speed.

［無生物主語］ ［動詞］

「研究が that 以下のことを示している」という意味の文

　上の文では動詞に show が使われていました。無生物主語は特定の動詞の場合によく使われるので、動詞に注意しながら、TOEIC の問題文でよく使われるパターンを見てください。

bring（〜をもたらす）

☐ Our private investment newsletter **brings** you exclusive information that can make your savings grow substantially.

（わが社の会員向け投資ニュースレターは、あなたの貯蓄を大きく増やせる特別な情報をお届けします）

reveal（〜を明らかにする）

☐ This information packet **reveals** the steps that have turned many struggling entrepreneurs into highly successful business owners.

（この資料集は、奮闘する多くの起業家が大成功を収める事業主へと変わっていった道筋を明らかにしている）

allow A to do（A が〜することを可能にする）

☐ The drop in prices will **allow** more people **to** travel abroad for short vacations.

（価格が下がれば、より多くの人が短い休暇で海外旅行をすることができるようになるだろう）

enable A to do（A が〜することを可能にする）

☐ The new phone system will **enable** team members **to** make more sales calls per day as well as keep track of daily results.

（新しい電話システムのおかげで、チームメンバーたちは1日により多くの営業電話をかけ、また日々の業績を記録することができるようになる）

cause *A* to *do* (A に〜させる、A が〜する原因となる)

☐ The marketing campaign actually **caused** sales **to** go down instead of up.
(その販売キャンペーンによって、売上は上がるどころか下がってしまった)

prevent *A* from *doing* (A が〜するのを防ぐ、妨げる)

☐ This procedure will **prevent** teams **from** mak**ing** costly mistakes.
(この手続きによって、チームが損失の大きいミスをするのを防ぐことができる)

どうでしたか？ 無生物主語の文に少し慣れたでしょうか。ところでTOEIC の問題文では動名詞を主語にした文もけっこう使われています。動名詞はわかりますか？ 動詞の ing 形で「〜すること」という意味を表す使いかたです。

動名詞が主語の文

Opening Geder Station is a major step in the development of affordable inner-city public transportation.
(Geder 駅の開業は、安価な市内交通手段を開発するにあたっての大きな一歩だ)

この文の主語は Opening から Station まで。is が動詞です。動名詞 Opening で始まる主語は「Geder 駅が開業すること」という意味を表します。これも事柄が主語になっている文なので無生物主語の文の仲間と言えるでしょう。

Opening Geder Station **is** a major step in the development of
　　　　　[動名詞主語]　　　　[動詞]
動名詞が導く
句が文の主語　　affordable inner-city public transportation.

57ページで、現在分詞で始まる分詞構文を勉強しましたね。文が動詞のing形で始まっている場合、分詞構文なのか、動名詞が主語の文なのかは、少し先まできちんと読んで判断しましょう。分詞構文であればカンマで切れて、メインの文が始まるはず。動名詞が主語の文では、主語はすでにあるわけですから、次に動詞が出てくるはずです。

　それでは動名詞が主語になる文もいくつか見ておきましょう。

☐ Smok**ing** in the airplane lavatories is prohibited by all domestic airlines.
（飛行機の化粧室での喫煙はあらゆる国内線で禁じられている）

☐ Publish**ing** *Woodpecker Alley* marks the halfway point of author Yanik West's four-book fantasy series.
（『Woodpecker Alley』の刊行はYanik Westのファンタジー4巻シリーズの中間点となる）

> **プラチナポイント**
> 英語では「もの」や「こと」を主語とした文がよく使われる。上に挙げた例を覚えて、冷静に読み進められるようにしよう。

1-13 so that、It is ~ to do などの重要構文

よく出る度 👆👆👆

文を長くしているいろいろなパターンを見てきたね。あと2セクションでこれまで見てこなかった構文を見ておこう。

so that とか It is ~ to do というのは聞いたことがあります！

そうですね。これらは学校でも習った人が多いでしょう。これらの構文はとても大切で TOEIC の問題文でよく使われるうえ、どうしても文が長くなるので、気を緩めていると文の構造を見失ってしまいがち。ここでしっかりと思い出しておきましょう。

so that の文

We hope to have the house sold by the end of this year so that we can all move to Malaysia together when Tim starts his new job.
(Tim が新しい仕事を始めるときにみんながマレーシアに引っ越せるように、私たちは今年中に家が売れることを望んでいる)

一見して文が長いですよね。文の真ん中あたりにある so that に注目です。so that は2語セットの接続詞で、「~するように」という意味の従属節を導いて主節を修飾します。that 節の中の動詞に can がついて「~できるように」という意味になることも多いです。1-6 (p. 63) で学んだ複数の語で接続詞の働きをするものの一つといえますが、TOEIC の問題文でも頻出の超重要表現なので、ここで使いかたをしっかりマスターしてくださいね。

> We hope to have the house sold by the end of this year
> 主節
> ↑ so that の導く節が主節を修飾
> so that we can all move to Malaysia together
> (〜できるように)
> when Tim starts his new job.
> 従属節

それでは so that を使った文をいくつか見ておきましょう。

- Please take a moment to answer these questions **so that** we can learn a bit about the needs of your company and its plans for the next few years.
（今後数年にわたる貴社のニーズとご計画を少々伺いたく、お時間をお取りいただき、以下の質問にお答えいただけたらと思います）

- Let's all meet at the station at 7:00 P.M. **so** we can walk to the party together.
（パーティーに一緒に歩いていけるように駅に午後7時に集合しましょう）

最後の文を読んで「あれ?」と思いましたか? so の後ろに that がありませんでしたね。実は so that の that は省略されることがあります。すると、手がかりはたった2文字の so だけ。うっかりすると見落としがちですが、この so がこの構文を見抜くとても重要な手がかりなので、読み飛ばさないように気をつけてください。

では、次の文の意味はわかりますか?

- In fact, we enjoyed our dinner **so** much **that** we ate at that same restaurant three times during our trip.
（実際、私たちはそのディナーが大変気に入り、旅行中同じレストランで3回も食事をした）

この文にも so と that が使われていますが、間に much がはさまれていますね。この so 〜 that ... という構文は先ほどの so that とは別もので、「とても〜なので……」という意味を表します。混同しないように気をつけてください。

それではもう一つの重要構文を見てみましょう。

It is ~ to do の文

It was great to have a room on one of the highest floors with a view of the ocean.
(海の見渡せる最上階の部屋に泊まることができて最高でした)

　これもおなじみの構文ですね。It は仮主語（あるいは形式主語）と呼ばれます。この It は前に出てきた名詞を受けるわけではありません。まず「最高でした」と結論を言うために置かれた、形だけの主語です。本当の主語（文法用語では「真主語」と呼びます）は to 以下の不定詞句で、文全体で「〜することは…だ」という意味を表します。

It was great <u>to have a room on one of the highest floors</u>
[仮主語] [動詞]　　　　　　　　　　　　　　　　[真主語]
まず「最高だった」と言ってしまい、
あとで本当の主語を言う
<u>with a view of the ocean.</u>

　この構文は文頭の It が目印になってくれるので、実は見分けるのは簡単です。後ろには不定詞の代わりに that 節が来ることもありますが、先に結論を言ってしまうための構文と覚えておけば、意味がわからなくなることはないでしょう。いくつかの例を見ておきましょう。

□ **It was** so interesting **to** see how the local people live, and so exciting **to** join them in celebrating the New Year.
(地元の人々の生活ぶりを見るのはとても興味深く、彼らが新年を祝うのに加わるのはとても楽しかった)

☐ **It** usually **takes** two hours **to** reach the castle, but sometimes it takes a bit longer; the weather can affect the speed of traffic on the mountain roads.

（その城までの所要時間は通常 2 時間だが、時にもう少し長くかかることがある。天候が山道を走る車の速度に影響することがあるのだ）

＊この文では「(時間が) かかる」という意味の take が動詞になっています。

ラヂオポイント

so that の文は頻出重要構文。that が省略されて so だけになっても見抜けるように、何度も例文を読み直してしっかりマスターしよう。it を仮主語とした構文にも慣れておこう。

14 その他の注意すべき構文

よく出る度 👆

はあ〜。これでやっと終わりですね。

そうだね。TOEICの問題文でよく使われる文型パターンのレッスンはこれで最後だよ。

ここでは、学校ではあまり習ってこなかったパターンを見ておきましょう。TOEICの問題文では使われるパターンです。まずはこれ。

> Winning the award was a total surprise for Walter given that it was the first novel he'd ever written.
> （初めて書いた小説だったので、受賞は Walter にとって青天の霹靂だった）

皆さん、この文の意味はわかりますか？ もしわからなかったとしたら、それは given という単語のせいかもしれません。given はご存じのとおり動詞 give の過去分詞ですが、given (that) 〜で接続詞のように使われて、「〜（であること）を考慮に入れると」という意味を表す使いかたがあるんです。つまり、given 以下は「それは彼が書いた最初の小説だったので」という意味。それさえわかれば文全体の意味もわかりますよね。given は一見動詞に見えるため、文全体の構造を見失いがちです。この使いかたも覚えておいてください。

given (that) 〜と似た表現に provided (that) 〜があります。では、次の文の意味はわかるでしょうか。

> You can still attend the conference, provided that you pay for your own hotel room.
> （ホテル代を自分で払うなら、会議に出席しても構いません）

provide は「〜を提供する」という意味の動詞ですが、過去分詞 provided は時に that を伴って「もし〜ならば、〜という条件で」という意味の接続詞として働きます。したがってこの文の provided 以下は「ホテル代を自分で払うなら」という意味。先ほどの given と同じで、この provided が動詞だと考えたらもう文の構造はわからなくなります。注意しましょう！

　さあ、それでは次のパターンに移りましょう。

> Should any of these details be unclear to you, please call me later this week.
> (これらの詳細で何か不明瞭な点がありましたら、今週中にお電話ください)

　「なんだ、これは……」と思った皆さん。まずは落ち着いて、文の途中にカンマがあり、そのあとは普通の命令文であることを確認しましょう。文の後半の内容はわかりますよね？
　問題は文の前半です。いきなり Should で始まっているし、動詞も原形の be が出てくるので面食らってしまうのですが、実はこれは仮定を表す接続詞 if が省略された形。〈If ＋主語＋ should do 〜〉の節は、If を省略すると「倒置」という現象が起こり、〈Should ＋主語＋ do 〜〉の形になるのです。つまり主語と should の順序が入れ替わるわけですね。こうして順序を入れ替えることで、読者（あるいは聞き手）に、「If を省略しましたよ」ということを伝えているわけです。
　If any of these details should be unclear, なら、驚くことはありませんよね。意味は普通に「もし〜ならば」と思っておいて大丈夫です。
　TOEIC の問題文では、典型的な仮定法の文はほとんど出題されませんが、この〈Should ＋主語＋ do 〜〉の形はややフォーマルなビジネス文書などで使われることがあります。
　もう1例だけ見ておきましょう。

☐ **Should** you notice any errors in the software during the first year of use, we will be happy to fix them free of charge.
（ご利用1年目にソフトウエアの欠陥にお気づきの場合は、無料にて修理させていただきます）

さあ、それでは最後の文型パターンです。

> MAYOR TO ATTEND ACADEMIC FESTIVAL
> （市長、学術フェスタに出席へ）

　ごめんなさい。ビックリさせたかもしれません。いきなり全部大文字でピリオドもない文を見せられたら驚きますよね。実は、これは新聞記事のタイトルなどで使われるタイプの文です。実際の問題文では見出しの位置にあるのでそんなに驚くことはないと思います。

　それにしても、ヘンな文ですよね。mayorは主語のように見えますが、動詞がどれだかわかりません。attendは動詞ですが、直前にtoがあります。これは、実際の英字新聞でも使われる見出しの書きかたで、不定詞は未来を表します。英字新聞では少しでも大きな文字、短い言葉で見出しを書こうとするため、willを使わずにtoを使うんです。be動詞も省略されます。

　TOEICの問題文でも記事（article）はよく出題されるので、タイトルにこの文型が使われることも少なくありません。単語の意味がわかればおおよその意味はつかめますが、このような書きかたを知っていれば、自信を持って問題文を読み進めることができます。頭の隅に置いておいてください。

プラチナポイント

givenやprovidedには前置詞や接続詞の使いかたがあるので、覚えておこう。疑問文でもないのにShouldが文頭に来たら、Ifの省略された仮定の文だと考えよう。

2 問題文の方向性と流れをつかむ

> ここまで、TOEICの問題文に登場するいろいろなパターンのセンテンスについて勉強してきたね。今度は、問題文全体を貫く方向性と話の流れに注目しよう。

> 方向性と流れ……ですか。

ちょっとわかりづらいでしょうか。前にも言ったように、TOEICの問題文は相手に何らかのメッセージを伝えるための文章。相手に何かを依頼したり、命令したり、禁止したり、忠告したりと、何かを伝えようとしています。つまり問題文は、読み手に対してどういうメッセージをどのように伝えようとしているか、それぞれ方向性を持っているんですね。そして言いたいことが相手に伝わるように、話は順序立てて展開されています。つまり流れがあります。なので、その方向性と流れさえつかめれば、問題文の中身はぐっとイメージしやすくなり、結果的に速く、そして正確に読むことにつながります。

　では、問題文の方向性や流れをつかむには、具体的にどうしたらいいのでしょうか。日本語で考えてみるとわかると思いますが、人に何かを頼むなら「〜してください」、禁止するなら「〜してはいけません」、忠告するなら「〜するといいですよ」というように、それぞれの目的に応じた言い回しがありますよね。英語だって同じです。問題文の中にはこうしたメッセージ全体の方向を示す言い回しがあちこちに潜んでいます。そして、こうしたシグナルを目印に読み進めれば、仮に部分的に意味のわからないセンテンスが出てきても、問題文全体の趣旨を読み間違えずに済むのです。

　また、英語では話の流れを時制や順序を表す言葉を使って表します。私たちは「大まかな意味が取れればいいや」と思って、あまり時制に気をつけずに英文を読み進めがちですが、時制は、すでに済んだ話なのか、今進行中の事柄なのか、あるいはこれから行われる予定のことなのかといった、そこで述べられている出来事の起こる順序を示すとても大きな手がかりです。「あ、ここまで過去形で書かれていたのに、ここで未来を表す表現に変わった！」そういう話の潮目を感じ取れるようになると、問題文の内容を読み取る精度が変わってきます。あえて時制を意識して読むク

セをつければ、TOEICに限らず、どんな英文を読むときにも役に立ちますよ。ぜひ試してみてください。

　それでは次ページから、まずは問題文の方向性を決める言い回しについて見ていきましょう。

2-1 問題文の方向性を示す言い回し

よく出る度 ❤️❤️❤️

……ということで、まずは問題文の「方向性」を表す言い回しから見ていくよ。一つひとつ例文を挙げながら丁寧に見ていくので、表現を覚えてしまってくださいね。

「〜してください」というのも方向性を表す言い回しですか？

そうですね。「〜してください」というのは、命令あるいは依頼を表す言い回しということができます。これから見ていきますが、同じ方向性を表すにも、命令文のような文の形で表す場合もあれば、should や must のような助動詞を使って表す場合、Feel free to のような慣用表現、あるいは inform や pledge のような動詞を使って表す場合など、多様な言い表しかたがあります。どれも大切なものなので方向性を意識しながら覚えていってください。特に太字部分の言い回しを覚えるようにしてくださいね。

命令・依頼

「命令」と「依頼」と聞くとずいぶん違う印象を受けるかもしれませんが、要するに相手に何かをしてほしいと伝えている点で、本質的には同じです。問題文全体の目的が一番現れやすい文でもあるので、文意を確実に捉えるようにしましょう。

命令を表す最も典型的な文は、もちろん命令文。命令文については 046 ページですでに見ましたね。命令・依頼を表すには、ほかに以下のような言い回しがあります。

☐ All applications **should** be sent by the end of June.
（すべての申請書は6月末までにお送りください）

☐ **Please** take a moment to fill out this brief survey.
（少々お時間をいただき、この短いアンケートにお答えください）

☐ **I would appreciate it if** you could inform me of your travel schedule at least two weeks in advance.
（ご旅行のスケジュールを少なくとも2週間前までにお知らせください）

- **Feel free to** use any of our facilities at any time.
  (いつでも当施設を自由にお使いください)

- **Do not hesitate to** contact me if any of this information is unclear.
  (この情報に不明な点がございましたら、遠慮なくご連絡ください)

  > hesitate は「ためらう」という意味の動詞。「～することをためらうな」というのが直訳です。

- Interested individuals **are encouraged to** apply.
  (ご興味のある方はぜひご応募ください)

注意の喚起

命令の一種で、「忘れずに～してください」「～という点に注意してください」など、相手に注意を喚起する言い回しです。

- **Please make sure to** bring sunblock and insect repellant.
  (日焼け止めと虫よけを忘れずにお持ちください)

- **Please note that** lunch will not be provided for guests.
  (来賓への昼食は出ませんのでご注意ください)

- **It should be noted that** the proposed construction project, to be decided upon this month, would cost millions of dollars.
  (今月決定される懸案の建設計画には数百万ドルの費用がかかるということに留意すべきです)

- **Bear in mind that** these figures are just estimates.
  (これらの数字は概算であることにご留意ください)

- When guests check in, **kindly remind** them **that** check-out time is 11 A.M.
  (お客さまがチェックインされるときには、チェックアウトの時間が午前 11 時であることをお伝えください)

  > kindly は「親切に」という意味の副詞ですが、命令文の前に付いて「どうか（～してください）」という意味を表します。

忠告

つまりアドバイスのことですね。「〜すべきです」「〜したほうがいいですよ」といった内容を伝える文です。相手にある程度の裁量を与えてはいますが、これも命令・依頼の一種と考えることもできますね。

☐ Current members **should** update their contact information as soon as possible.
（現在のメンバーはできるだけ速やかに連絡情報を更新してください）

☐ Here are some safety guidelines you **should** study to avoid any accidents during the hike.
（以下はハイキング中の事故を防ぐためによく読んでおくべき安全指針です）

☐ I **recommend** arriving early, as seats tend to fill up within the first few minutes.
（座席は最初の数分で埋まってしまうことが多いので、早めに到着することをお勧めします）

☐ **It is** strongly **recommended that** attendees book a room at Ridgely Suites, as all other hotels are quite far from the training center.
（ほかのホテルはすべて研修センターからかなり遠いので、参加者は Ridgely Suites に予約を取られることを強くお勧めします）

☐ **You may want to** consider hiring an assistant, as this is quite a large job.
（かなり大きな仕事なので、アシスタントを雇うことを考えたほうがいいですよ）

> You (may) want to *do* は「あなたは〜したい（かもしれない）」ではなく、「〜したほうがいい」という忠告を意味します。

☐ **I'd like to encourage** all of you **to** take notes throughout Dr. Key's presentation.
（皆さんには、Key 博士の発表の間ノートを取ることをお勧めしたいと思います）

ルール（許可・禁止）

公園や劇場、図書館といった公共の場においては、利用者に対して、利用上のルールが述べられることがあります。

☐ Food and drinks **are** only **permitted** in special circumstances.
（飲食物は特別な場合に限り認められます）

☐ Parking **is allowed** only in designated areas.
（駐車は指定された区域に限り認められます）

☐ Passengers **must** remain in their seats at all times.
（乗客は常に座席に座っていてください）

☐ **No** skateboarding, roller-skating, or bicycling.
（スケートボード、ローラースケート、サイクリング禁止）

☐ **Please do not** feed the animals.
（動物にエサをやらないでください）

報告・伝達

回覧やEメールなどでは、「以下のことをお伝えします」という書き出しもよく使われます。「知らせる」には let you know (that)、inform、announce、あるいはもっとシンプルに say といった動詞（句）が使われます。よい内容を伝える場合には、これらの動詞の前に I am happy to や I am pleased to を、よくない内容を伝える場合には I am sorry to や I regret to をつける場合もあります。

☐ **I am happy to say** that last week's event had the highest attendance in the company's history.
（先週のイベントでは創業以来最多の参加者があったことをお伝えします）

☐ I wish to **let you know that** I have accepted another company's offer.
（別の会社のオファーを受けたことをご連絡いたします）

☐ On behalf of Shutter Velo, **I am sorry to inform** you that your photo was not chosen in our annual Stunning Nature Photography Competition.

(Shutter Velo を代表いたしまして、残念ながらご応募いただいた写真は今年度の Stunning Nature Photography Competition に入選されなかったことをご連絡いたします)

☐ **I am pleased to announce** that we will be opening a new branch in Victorville next June.

(来たる6月に Victorville に新たな支社を開設する予定であることをお知らせします)

情報提示

掲示板やお知らせ、報告書などで、「〜については以下をご覧ください」という言いかたをする場合があります。below（以下に）という語がよく使われますが、文頭に来ても焦らずに読めるようにしておきましょう。通常、続きの文中に具体的なものが列挙されます。

☐ This e-mail serves as proof of your reservation, and **you can view** a map and directions to the hotel **below**.

(この E メールはご予約の証明となります。ホテルの地図と道順については以下をご覧ください)

☐ **Below you will find** the details of your order.

(ご注文の詳細については以下をご覧ください)

☐ **Below are** the materials you should bring to the interview.

(面接には以下のものをご持参ください)

☐ During the winter holidays, our office hours are **as follows**.

(冬期休暇シーズン中の営業時間は以下のようになります)

> 主語の数や時制に関係なく as follows の形です。

☐ **Here are** some things you can do to improve the performance of your advertisement headlines.

(以下に、広告の見出しの効果を向上させるためにできることを挙げます)

希望

「〜したい」「〜することを希望する」と自分の希望を伝える表現です。

☐ **I hope that** my report on Grey Drop Limited's offshore drilling projects was to your satisfaction.
（Grey Drop 社の海洋掘削計画に関する報告書にご満足いただけていればよいのですが）

☐ **We are hoping to** finish construction before September 1.
（工事を9月1日より前に終えたいと考えています）

☐ **I would like to** learn more about the services you can provide to medium-sized businesses.
（御社が中規模企業に対して提供できるサービスについてもっと教えていただきたいと思います）

約束

「必ず〜します」という意味の表現。相手に約束をしているわけですが、問題文で promise という動詞が使われることはまれです。

☐ We **pledge** to keep our customers' identity private and secure.
（お客さまの個人情報は機密かつ安全な形で保管いたします）

> pledge は「誓う、誓約する」という意味の動詞です。

☐ Your information **will never** be sent to any third party without your express written permission.
（貴殿の情報は書面による許可なしにいかなる第三者にも送られることはありません）

条件提示

　ビジネス文書が多いという性質上、TOEIC の問題文には何らかの条件やただし書きが非常に多く登場し、その表現も多様です。特に求人広告では必ず応募要件が書かれていますし、請求書などの下部に小さな文字でただし書きなどが添えられていることも少なくありませんが、その内容はほとんど必ず設問で問われるので、読み飛ばすことは禁物です。

- ☐ The candidate **must** be willing to relocate to Detroit.
  （候補者は Detroit への転勤ができる者でなければなりません）

- ☐ The **successful** candidate will have at least five years of experience in content marketing.
  （候補者は少なくとも 5 年間のコンテンツマーケティングの経験を有していなければなりません）

- ☐ **Limit** one **per** customer.
  （お一人さま一つまで）

  > この successful は「成功する」という意味の形容詞。以下の条件を満たしていなければ成功しないという意味の条件提示になります。

- ☐ This coupon is to be used for the purchase of the Limited Membership Plan **only**.
  （このクーポン券は限定会員さまのお買い上げにのみご利用いただけます）

- ☐ You can return a product for **up to** 30 days from the date of purchase.
  （お買い上げから 30 日後までの返品が可能です）

- ☐ **Unless otherwise indicated**, all materials on these pages are copyrighted by Henry Chan.
  （ほかに断り書きのない限り、これらのページのすべての内容の著作権は Henry Chan に帰属します）

- ☐ Items may be returned within 14 days of purchase **if accompanied by** a receipt.
  （レシートがあれば、ご購入から 14 日以内の返品が可能です）

- ☐ No returns or exchanges **are permitted on** perishable items.
  （生鮮品の返品や交換はご容赦ください）

- ☐ **In the unlikely event that** your order is incorrect or damaged, we will be happy to replace it at no extra charge.
  （万が一ご注文品に誤りや損傷がありましたら、無料にて交換させていただきます）

  > 直訳すれば「ありそうにないことだが」というニュアンスの表現です。

感謝

感謝といえば Thank you. が思い浮かびますよね。実際 TOEIC の問題文でも Thank you. は非常によく登場する表現ですが、ほかにも相手に感謝を伝える表現はいろいろあるので、あわせて覚えておいてください。

- **Thank you for** taking the time to meet with me today.
  （本日はお時間を割いて会っていただきありがとうございました）
- **I just wanted to thank you for** everything that you've done.
  （いろいろとありがとうございました）
- **I appreciate that** you came all the way out here to meet me today.
  （今日はわざわざこちらまでお越しいただきありがとうございました）
- **It is an honor to** receive this award.
  （この賞を受賞できて光栄です）
- **Congratulations on** your purchase of the world's best potato slicer.
  （世界最高品質のポテトスライサーをご購入いただき、ありがとうございます）

> 直訳すれば「素晴らしい品を手に入れておめでとう」と祝福する、英語的な発想の表現です。

- **We are** so **glad that** you will be attending our event this year.
  （今年、弊社のイベントにご参加いただけることをとてもうれしく思います）

歓迎・祝福

商店の案内や、会社の新入社員に対する E メール、パーティーなどへの参加を促す文書などで、相手に歓迎の意を伝える表現が登場します。いくつかのパターンを見ておきましょう。

- **Welcome to** Delilah T's Café
  （Delilah T's Café へようこそ）

- ☐ **I am happy to welcome you to** the 5th annual By the Books Writing Conference.

  (毎年恒例の第 5 回 By the Books Writing 会議にようこそ)

- ☐ All **are welcome to** attend.

  (どなたでもご参加ください)

- ☐ **Congratulations on** your success.

  (ご成功、おめでとうございます)

謝罪

ビジネス文書では、配送の遅れや欠陥品などに関する謝罪の文もよく登場します。

- ☐ **I am** deeply **sorry that** we were unable to provide what you're looking for, and I hope that we'll see you again in the future.

  (このたびはお探しのものをご提供することができず誠に申し訳ございません。またのご利用をお待ちしております)

- ☐ **I sincerely apologize for** the trouble this may have caused you.

  (今回の件でご迷惑をおかけし、誠に申し訳ございません)

E メールなどの書き出し

英文の E メールや手紙では、冒頭かその付近で「～の件で書いています」と E メールや手紙の趣旨を伝えることがよくあります。問題文の趣旨がはっきりわかる形で書かれている場合が多いので、確実に内容を把握しましょう。ちなみに冒頭に To Whom It May Concern とある場合は「関係者各位」という意味です。

- ☐ **I am writing in regard to** the inquiry you submitted earlier this morning.

  (今朝頂戴したお問い合わせにつきましてお返事を差し上げております)

- ☐ **I am writing to inform you that** the order I placed on February 3 still has not arrived.

  (2月3日に発注した商品がまだ届いていないことをお知らせするためにEメールを差し上げています)

- ☐ **I am writing in reference to** the article you posted on May 12 titled "A Change to Hydroponics."

  (あなたが"A Change to Hydroponics"というタイトルで5月12日に投稿された記事に関してご連絡を差し上げています)

- ☐ **I am responding to** your request for information about our latest product.

  (わが社の最新製品についての情報をお求めいただいたことに対して、ご返信しています)

- ☐ **This e-mail is in response to** your letter sent on May 21.

  (5月21日にお送りいただいたお手紙にお答えするためにEメールを差し上げています)

- ☐ **This is to confirm that** you will be staying in one of our executive suites the night of July 5.

  (このEメールはお客さまが7月5日の夜に当ホテルのエグゼクティブスイートルームにお泊まりになられることを確認するためのものです)

- ☐ **The reason I am writing is that** I was hoping to interview you about your upcoming novel.

  (近々発表される小説についてインタビューさせていただきたく、Eメールを差し上げております)

  > 直訳すれば「私がEメールを書いている理由は〜だ」という意味です。

Eメールなどの結び

Eメールなどの最後には、ほとんどの場合以下のような結びの言葉を書きますが、これは形式的なあいさつにすぎず、具体的な情報が書かれていることはほとんどありません。「ああ、最後のあいさつだな」と思うだけで十分です。じっくり読む必要はありません。

- ☐ **Thank you for your cooperation.**

  (ご協力ありがとうございます)

☐ Thank you for your time and suggestions.
（お時間とご提案をいただき、ありがとうございました）[アンケートなどの結び]

☐ Respectfully yours, / With best regards, / Warm regards, / Sincerely (yours), / Very truly yours,
（敬具）

添付・同封

　TOEICの問題文では、Eメールにファイルを添付したり、封書に履歴書やカバーレターを同封したりするという内容がよく出てきます。中には過去分詞で文を書き始めるような特殊な書きかたをすることもあるので、慣れておきましょう。

☐ Per your request, I have also **included** a detailed price list so that you can calculate your desired order size and cost.
（ご要望いただきました通り、ご希望の注文サイズと費用とを計算していただけるよう詳細な料金表も同封させていただきました）

☐ **Attached to this e-mail**, please find a map with directions to the workshop location.
（このEメールに添付しましたのは、研修会場への道順を示した地図です）

☐ **Attached is** my résumé, which contains details regarding my education and extensive experience in product development.
（添付しましたのは私の履歴書で、学歴および商品開発の幅広い経験に関する詳細を記載してあります）

☐ As you requested, **enclosed is** a copy of your housing contract.
（ご要望通り、住宅契約書のコピーを同封いたしました）

その他

　TOEICの問題文に登場するその他のいくつかの言い回しも見ておきましょう。表現に慣れていれば、問題文を読んでいてつまずく回数が減り、読むスピードと正確さが向上します。

☐ **Just to clarify**, these figures are only estimates, and actual prices may vary.
（念のためですが、これらの数字は概算にすぎず、実際の価格は変動することがございます）

> 「誤解があるといけないので言っておくと」という意味です。

☐ **Entry is open to** all employees under the age of 40.
（40歳未満の全従業員の方が参加できます）

☐ **I can be reached** by phone at 555-8848.
（ご用の際は555-8848までお電話ください）

> 直訳すれば「～によって私に連絡がつく」という意味です。

☐ **Space below this line to be left blank.**
（この線から下には何も書かないでください）

> アンケート用紙などに見られる表現です。

プラチナポイント

以上は多くの問題文で見られる言い回し。これらを手がかりに問題文がどういう目的で書かれているかをイメージしながら読むようにしよう。

2 問題文の流れを示す時制と順序を示す語句

よく出る度 👍👍👍

> 今度は問題文の「流れ」を時制について見ていくよ。ユキは時制のことはわかってる？

> 現在形が表すのは現在のこと、過去形が表すのは過去のこと、現在完了形が表すのは現在完了のことです。

「現在完了のこと」って何でしょうね……。ここまで問題文の方向性を示すさまざまな言い回しについて見てきましたが、ここからは問題文の流れをつかむために注目すべきものを見てみましょう。それは「時制」です。

物事には順序というものがあります。「こういうことがあった。それで今はこうなっている。今度はこうしよう……」——時制はこうした物事の流れを示す目印になるのです。

次の文章を見てください。顧客に対して送られた E メールです。

> This morning, we **received** your order of 2,000 Crystal Ridge glass bowls. However, I **am sorry to inform** you that we only have 1,000 of these in stock at the moment. **Please call or e-mail** me at your earliest convenience so that we may discuss the fulfillment of your order.
> （今朝、Crystal Ridge ガラスボウル 2,000 個のご注文を承りました。しかし、残念ながら現在この商品の在庫は 1,000 個しかございません。ご注文の履行についてお話させていただきたく思いますので、ご都合がつき次第お電話か E メールをいただけますでしょうか）

どうですか？ 最初の This morning, we **received** your order... という文では動詞に過去形が使われていましたね。そして次の However, I **am sorry to inform** you that... という文の動詞は現在形です。そして最後の文は命令文になっています。命令文に時制はありませんが、これからすることを指示しているわけです

から、未来の行為を示していると言うことができますね。このように、問題文が「過去」→「現在」→「未来」という流れで構成されていることがわかると思います。

もちろん、どの問題文もこのような時間の流れに沿った流れになっているというわけではありません。もう一つ見てみましょう。イベント開催に関する告知です。

> The Desert Rock Entrepreneurs Society **will begin** holding monthly members-only networking events starting on Friday, April 24. Participating members **can meet** like-minded business owners, **form** partnerships, and **make** highly valuable network contacts. For further details on the event and membership options, **visit** our Web site at www.desertrocksociety.org.
>
> (The Desert Rock Entrepreneurs Society は4月24日金曜日から、会員限定の月例ネットワーキングイベントを開催します。参加者は同じ目的を持った会社のオーナーと出会い、パートナー関係を結び、とても貴重な仲間のコネクションを作ることができます。イベントおよび会員資格に関する詳細については、弊社ウェブサイト www.desertrocksociety.org をご覧ください)

この文章はいきなり未来を表す表現の文で始まっていますね。まず最初に、これからこういうイベントがありますよという告知をしているわけです。次にそのイベントに関する具体的な情報が現在形で挙げられています。そして最後は命令文で締めくくられています。このようにこれから行われるイベントなどに関して、未来 → 現在 → 命令文のような時制の流れのパターンを持つ問題文が登場することも少なくありません。

大切なのは、普段英文を読むときに動詞の時制を意識してみること。一度それに慣れてしまうと、もう意識しなくても、述べられている出来事が過去のことなのか現在のことなのか未来のことなのかを思い浮かべながら英文が読めるようになります。問題文を読むときに細かい時制の使い分けを意識する必要などありませんが、少なくとも大まかな時の感覚を持って読むだけでも、ずっとリアルに英文を読むことができ、結果的に正確な内容理解につながります。

ここでは TOEIC の問題文でよく使われる時制について例文を挙げながら簡単におさらいしておきましょう。

現在の文

「現在の文」と聞くと、「今」という瞬間的な時点をイメージしがちですが、例えば She works for a chemical company.（彼女は製薬会社に勤務している）あるいは He is a professor at Columbia University.（彼はコロンビア大学の教授だ）のように、実際には、昨日も今日もあしたも続く「時間の幅を持った現在」を表します。そして、現在の状況を客観的に叙述している感じのする時制です。

☐ As full-service event planners, we **arrange** everything from weddings and corporate parties to marathons and community festivals.
（総合イベントプランナーとして、私どもは結婚式や会社のパーティーから、マラソンや地域のお祭りまで何でも手配いたします）

☐ This coupon **is** valid for one year from the date it is issued.
（このクーポンは発行日から1年間有効です）

☐ The exhibit **is** open to the public on weekends.
（その展覧会は週末には一般に公開されている）

すでに確定している未来のことを表すときに現在形を使うことがあります。また、be likely to *do*（〜しそうだ）、be expected to *do*（〜すると見込まれる）や be anticipated to *do*（〜すると予想される）なども、動詞の時制は現在でも、事実上、未来のことを表す表現ということができます。

☐ The last day to sign up **is** 18 January.
（登録最終日は1月18日です）

☐ The number of clients **is expected to** increase following the TV feature.
（顧客数はテレビの特集番組後に増加することが見込まれる）

☐ With the new tax reform, local companies **are likely to** save millions of dollars per year.
（新たな税制改革で、地元の企業は年間数百万ドルの出費が抑えられそうだ）

過去の文

　文字通り、過去のこと——比較的短い過去の出来事や行為から、時間の幅のある状態まで——を指します。ただし意外かもしれませんが、TOEIC の問題文ではそれほど多く使われる時制ではありません。ニュース記事や、E メールや回覧などにおける報告といった文脈で使われることがほとんどです。

☐ On September 3, Mr. Peter Newman **agreed** to become the new CFO for Tumble Pro Inc.
（9月3日、Peter Newman 氏は Tumble Pro Inc. の新たな CFO に就任することに同意した）

☐ Despite the cost, I **purchased** the G-47 model because it was capable of producing large amounts of power with only a limited supply of fuel.
（費用はかかったが、G-47 モデルを購入した。限られた燃料で大量の電力を生み出すことができるからだ）

未来の文

　助動詞の will や be going to といった語句を動詞の前につけて表します。TOEIC の問題文ではこれからの予定に関する文書が非常に多く扱われるため、頻出の時制ということができます。

☐ Our support team **will be** happy to help you solve this problem quickly and effectively.
（わが社のサポートチームが、この問題を迅速かつ効果的に解決するお手伝いをさせていただきます）

☐ I hope that you **will call** on me the next time you need to produce a similar product.
（次に同様の商品が必要になったときにはご依頼いただけたらと思います）

☐ In September, she **is going to begin** working on a government-funded project.
（9月に彼女は政府が出資する事業に取りかかる予定だ）

現在進行形

　現在進行形の文は主に二つの使いかたで登場します。一つは皆さんご存じ「〜しているところだ」という、まさに今進行しつつある行為を表す使いかたです。先にEメールの書き出しの表現でI am writing 〜という表現がありましたが、あの使いかたはその典型ということができるでしょう。「〜しているところだ」というのですから、臨場感のある時制です。しかし、以下に見るようにTOEICの問題文に現れる現在進行形は、必ずしもある瞬時の行為ではなく、ある程度時間の幅を持った行為を表すことが多いようです。

☐ While you **are waiting** for Dr. Clyde to see you, please fill out this short survey.
（Clyde先生の診察をお待ちになっている間に、この簡単なアンケートにお答えください）

☐ Right now, we **are offering** free shipping for all orders over $50.
（ただ今当店では、50ドルを超えるすべてのご注文の送料を無料にさせていただいております）

☐ We **are** currently **looking** for a motivated and professional individual to join our team of advertising consultants.
（当社では現在、広告コンサルタントのチームに加入してくださる、やる気と専門性を持った方を探しています）

　現在進行形のもう一つの使いかたは、確定した未来の事柄を表す使いかたです。次の文では、私が発表を行うことはすでに確定した事柄です。このようにすでに確定した事柄に向かって進みつつあるような場合にも現在進行形が使われます。

☐ I **am giving** a presentation at the local arts festival later this month.
（私は今月、地元のアートフェスティバルで発表を行います）

未来進行形

「未来進行形」なんて学校ではあまり習いませんが、TOEICの問題文では比較的よく登場します。「〜することになっている」という意味で使われることがほとんどです。

☐ Initially we **will be testing** the product with a small group of priority customers.
（まずは優先顧客の小グループに対して、その商品のテストを行うことになっている）

☐ Over the next couple of months, we **will be announcing** a number of changes to our product line.
（この先数か月にわたって、商品ラインの数々の変更を発表することになっている）

現在完了

さて、今度は「現在完了」です。皆さん、現在完了の4用法は言えますか？「完了」「継続」「経験」「結果」ですね？　よくできました！　ところがです。実際のところTOEICの問題文ではこのような分類を覚えていることにほとんど意味はありません。学校では「完了」用法はalreadyやjust、yet、「継続」用法はsinceやfor、「経験」用法はeverや〜timesなどと共に使われると習ったと思いますが、このような原則が当てはまるケースはほとんどありません（sinceはその中では比較的使われますが）。

例えば、男性がお母さんや奥さんに「食器、洗っておいたよ」と言ったとしましょう。「食器を洗った」のは過去の出来事です。でもそう言ったときに言いたいのはきっと、「だから今、その仕事をしなくて済むでしょ？」という今のことですよね？「現在完了」とは過去のことを言いながら今の状態・状況を意識している、そういう時制です。それだけイメージできれば、4用法なんて気にする必要はありませんよ。

☐ I **have rewritten** the proposal according to your instructions; please see the attached file.
（ご指示に従って提案書を書き直しましたので、添付ファイルをご覧ください）

- Since you **have attended** one of our conferences before, we are happy to offer you a 30% discount on admission.
(以前当社の会議にご出席されたことがありますので、入場料を30％割引させていただきます)

- After researching the topic for over 15 years, Dr. Clemens **has compiled** all of his extensive knowledge into this one book.
(15年以上にわたってそのトピックを研究したのち、Clemens博士は自身の広範な知識のすべてをこの1冊の本にまとめました)

現在完了進行形

上の現在完了にリアルな「進行」のニュアンスをつけ加えたものと考えましょう。問題文にはあまり登場しません。

- Sales of its most expensive laptop model, the Paper Swipe F-430, **have been increasing** steadily since it was first released earlier this year.
(最高価格帯のノートパソコン Paper Swipe F-430 の売上は、今年初めに発売されてから、着実に伸びてきている)

過去完了

〈had＋過去分詞〉の形で表される時制で、TOEICの問題文では、過去のある時点よりもさらに前の時点を指す使いかた（「大過去」と呼びます）で登場することがあります。「過去のさらに前の話なんだな」と思えば大丈夫です。

- We **had** never **stayed** at a five-star resort before, and we were amazed at the level of service.
(私たちはそれまで5つ星リゾートに滞在したことがなかったので、サービスのレベルに驚きました)

さあ、ここまでTOEICの問題文によく登場する時制について見てきましたが、いかがでしたか？ もう完璧ですか？
先にも述べたように、時制は物事の順序を示す重要な目印ですが、物事の順序を示すのは時制だけではありません。形容詞(句)や副詞(句)にも時間

や順序、頻度などを表すものがあり、話の流れを捉えるのに重要であるばかりでなく、しばしば設問で別の形に言い換えられて問われます。以下の語句に難しいものは多くありませんが、ぜひ意識して読むように心がけてください。

まずは時間を表す語句から見てみましょう。

current/future（現在の／将来の）、formerly/currently（以前／現在）

☐ To increase productivity, all employees are requested to utilize the new messaging system when communicating about **current** and **future** projects.

（生産性を上げるため、全従業員は、現行および将来のプロジェクトにおける情報のやり取りに関して新しいメッセージシステムを使うこと）

☐ **Formerly** a professor at Chapman University, Dr. Grey has worked on archaeological sites in Europe, Africa, and Asia. He is **currently** living in Australia.

（以前 Chapman 大学の教授だった Grey 博士は、ヨーロッパやアフリカ、アジアの遺跡発掘現場で研究を行ってきた。現在はオーストラリアに住んでいる）

to date（今までで）

☐ Over 10,000 scientists joined the conference, making it the largest gathering of researchers in this field **to date**.

（その会議には1万人を超える科学者が参加し、この分野における研究者の集まりとしては過去最大のものとなった）

up to this point（現時点で）

☐ Our team has faced almost no obstacles **up to this point**, so we feel quite confident that we will achieve positive results.

（私たちのチームはここまでほとんど何の障害にも遭遇しておらず、私たちは前向きな結果を得ることができると確信しています）

no later than（〜までに）

☐ Full payment for attending the workshop must be submitted **no later than** July 18.

（研修会の参加費は7月18日までに全額支払わなければなりません）

> 超頻出語句です。前置詞の by で言い換えられます。

次に前後関係・順序を表す語句を見てみましょう。特に空欄にセンテンスを埋めさせるタイプの問題を解くときの重要な手がかりになります。

previously（以前に）

☐ I believe you will find that our company's management style is quite different from the place where you worked **previously**.

（わが社の経営スタイルは、あなたが以前勤めていたところとは大きく異なると思われることでしょう）

prior to（〜より前に、〜に先立って）

☐ **Prior to** being elected, Governor Gonzalez was the CEO of a legal firm in San Francisco, California.

（当選する前、Gonzalez 知事は California 州 San Francisco にある法律事務所の CEO だった）

next（次の、次回の）

☐ Please use the coupon attached to this e-mail for 20 percent off of your **next** purchase.

（この E メールに 20 パーセント引きのクーポン券を添付いたしますので、次回のお買い物にご利用ください）

upcoming（今度の、次回の）

☐ I recently sent you a copy of the contract that we will be reviewing in the **upcoming** meeting.

（先日、次回の打ち合わせで検討する契約書のコピーをお送りしました）

> 頻度は高くありませんが、forthcoming という類義語が使われることもあります。

first/later（最初に／あとで）

☐ Please save your questions for **later**, as there are some important notices that need to be announced **first**.

（最初にお伝えしなければならない重要なお知らせがありますので、質問は後ほどまでお待ちください）

following（以下の）

☐ As of now, Right Edge Communications is hiring for positions in all of the **following** areas: public relations, management, marketing, and sales.

（現在、Right Edge Communicationsでは以下の全部門において社員を募集しています。広報、経営、マーケティング、販売）

above（上に、上述の）

☐ In order to schedule your interview, please call our offices during one of the time periods mentioned **above**.

（面接の予定を決めますので、上記の時間帯のいずれかに弊社までお電話ください）

these（以上の）

☐ To reserve **these** free samples, please complete the order form attached to this e-mail.

（以上の無料サンプルを予約するには、このEメールに添付されている注文票にご記入ください）

> 「これらの」だけでなく「以上の」という意味の使いかたを覚えておきましょう。

initial/initially（最初の／最初に）

☐ Please be aware that your **initial** paycheck may be considerably smaller if you begin working in the middle of the month.

（月の半ばから勤務を始めた場合、初回の給与は大幅に低くなりますのでご注意ください）

☐ All new employees are required to **initially** attend two months of paid training, after which they will be assigned to their regular positions.

（全新入社員はまず2か月間の有給研修に参加し、その後正規の部署に配属されます）

former/latter（前者／後者）

☐ Of these two tour options, the **former** is less expensive, but the **latter** comes with a variety of luxurious upgrades.

（この二つのツアーオプションのうち、前者のほうが安いですが、後者には数多くの豪華なアップグレードがつきます）

in closing（締めくくりに）

☐ **In closing**, I would like to thank you one more time for your continued understanding and support.
（最後に、皆さまの変わらぬご理解とご支援に対して改めてお礼申し上げます）

　今度は追加を表す語句について見てみましょう。「追加」は、必ず何かに情報を追加するわけですから、情報の順序を示していると考えることができます。

in addition（加えて）

☐ **In addition**, please note that the Super Saver Family Package is valid only on weekdays between September and December.
（加えて、Super Saver Family Package は 9 月から 12 月の間の平日のみ有効である点、ご注意ください）

in addition to（〜に加えて）

☐ **In addition to** your résumé and cover letter, please also include two recent photos of yourself.
（履歴書とカバーレターに加え、最近の写真 2 枚も同封してください）

additionally（加えて）

☐ It will take about three days to make these changes; **additionally**, the price of our services will increase.
（これらの変更には約 3 日かかり、さらにサービス料金が上がります）

plus（そのうえ、さらに）

☐ **Plus**, community residents have access to these facilities 24 hours per day.
（さらに、地域住民はこれらの施設を一日 24 時間利用することができる）

moreover（そのうえ、さらに）

☐ **Moreover**, these nature hikes are an excellent way to maintain and improve one's health.
（さらに、これらの自然ハイキングは健康を維持向上するのに最適です）

aside from（〜のほかに）

☐ **Aside from** the problems mentioned above, the customer service representative that I spoke with was rude and unprofessional.

（上に述べた問題のほかに、私と話をしたカスタマーサービス担当者は失礼でプロらしくありませんでした）

最後に頻度を表す語句について見てみましょう。設問で言い換えて問われるパターンが多く、読み飛ばすと痛い目にあいます。

regularly（定期的に）

☐ Salespersons are expected to contact their clients **regularly** to ensure that everything is running smoothly.

（販売担当者には、顧客に定期的に連絡を取り、万事順調に進んでいることを確認することが求められる）

> 次の frequently と言い換えられることがあります。

frequently（頻繁に）

☐ At our café, we change the menu **frequently,** so we prefer to work with flexible suppliers with a wide variety of products.

（私たちのカフェではメニューを頻繁に変えるので、取引する仕入業者は幅広い商品を扱う融通の利くところが望ましい）

on a ～ basis（〜の頻度で）

☐ This amount will be automatically charged to your credit card **on a** monthly **basis**.

（この金額は毎月クレジットカードに自動的に請求させていただきます）

> 頻度を表す表現のほか、on an optional basis（オプションで）、on a first-come, first-served basis（先着順で、早い者勝ちで）などの形でも出題されます。

permanent/temporary（常設の／一時的な）

☐ Every year, our company installs thousands of **permanent** and **temporary** fences at locations all across the country.

（毎年、弊社は全国のあらゆる場所に何千もの常設と臨時のフェンスを設置しています）

3 要注意の単語を押さえる

ユキ、何を読んでるの？

『イラスト＆ストーリーで忘れない TOEIC テスト プラチナ 5000』です！

　　　『プラチナ5000』！ それはいい本です。
　ところで当たり前のことですが、言葉は単語からできています。私たちが普段話している日本語も単語をつなげたもの。英語だって同じです。英語を読むにしても聞くにしても、一定の語彙力がなければ正しく読むことも聞くこともできません。知らない語句の意味をあれこれ推測していれば時間もかかります。だから、まずは1語でも多く覚えることがスコアアップへの道です。

　ただし、語句をやみくもに覚えようとしてもなかなか頭には定着しません。文を読むときに内容をイメージするのが大切なのと同じように、語句を覚えるときも対応する日本語を丸暗記するのではなく、イメージと結びつけるようにして覚えることが大切です。また、耳で聞いたり自分で発音してみたりして、視覚に聴覚を組み合わせるようにして覚えると定着度合いは高まります。

　ユキが読んでいる姉妹編『プラチナ5000』はイラストがたくさん入っているうえに全体がストーリーになっており、イメージしながら単語を覚えられるのでお薦めですが、本書を読んでいる皆さんは、特にTOEICの問題文を読む力をつけたいと考えているはず。そこで、このパートでは問題文を読むうえでどうしても知っておいてほしい単語、皆さんがうっかり読み間違えたり読み飛ばしたりしがちな要注意の単語を見ていきます。

　もちろんTOEICを受けるうえで大切な単語という意味では『プラチナ5000』の単語もここで扱う単語も違いはないのですが、リーディングセクションでは、リスニングよりも容赦なく難しめの単語が使われるということがありますし、特にさまざまな場面の問題文で、さまざまな意味で使われる超重要語、それから、設問や選択肢で狙われがちな単語というのがあるのです。ここではそういう単語を取り上げます。

一つひとつの単語、一つひとつの使いかたにまで用例をつけたので、用例ごと覚えてしまってください。ここで取り上げた単語をしっかりと頭に入れてから問題文を読むと、きっと読みやすさが変わってくるはずです。

3-1 問題文を読むのに絶対に知らなければいけない語

よく出る度

「絶対知らなければいけない」とか言われるとプレッシャーがかかりますね……。

たった10語だから心配することはないよ。本当によく使われるんだから。

まずは場面を問わず、さまざまな問題文に登場する超重要語を見ていきます。特徴はさまざまな品詞や意味を持つ語であること。でも、日本人にとっては多様な意味を持つように見えても、ネイティブにとっては、特に意味の違いが感じられない使いかたも少なくありません。用例を見ながら、挙げられた意味に共通する「コアイメージ」を思い浮かべてみるように心がけましょう。必要なのは日本語の訳語を覚えることではありません。単語の持つ意味をイメージできるようになることです。

超重要語 No.1 ▶ available

形容詞 available は TOEIC の問題文においてはさまざまな場面で非常によく使われています。ひとことで言えば、「(モノ・商品・サービス・人手などが) 手に入る」という意味。下の例文を読んでそのコアイメージをつかんでください。名詞形は availability です。

1. 形 入手できる

☐ Please do not bring room towels to the pool, as towels are **available** in the pool area for all guests.
(タオルはすべてのお客さまのためにプールエリアにご用意いたしておりますので、お部屋のタオルをプールへお持ちにはならないでください)

2. 形 利用できる
- ☐ Computers are **available** in the business center free of charge.
（ビジネスセンター内ではコンピュータが無料でご利用になれます）

3. 形 買える
- ☐ T-shirts, mugs, and other souvenirs are **available** in the gift shop near the park entrance.
（公園入口付近のギフトショップで、Tシャツ、マグカップその他の土産物がご購入になれます）

4. 形 （商品・サービスなどが）用意されている
- ☐ The supplement is **available** in 500ml bottles only.
（そのサプリメントには500ミリボトルのものしかありません）
- ☐ There are three different tour packages **available**, all of which feature different levels of service.
（ツアーパッケージは三つあり、それぞれサービスのレベルが異なります）

5. 形 空きがある
- ☐ I am sorry to inform you that there are no more seats **available** for next month's coaching event.
（申し訳ございませんが、来月のコーチングイベントにはもう空席はございません）

6. 形 サービスなどを受けられる
- ☐ Please be aware that full refunds will only be **available** to customers who purchase this insurance plan.
（全額返金は、この保険プランにご加入のお客さまのみに適用されますのでご注意ください）

7. 形 手が空いている
- ☐ Our technical support team is **available** to help customers 24 hours per day, seven days per week.
（弊社テクニカルサポートチームは年中無休にてお客さまのサポートを行います）

8. 形 時間がある
- ☐ Are you **available** for an in-person meeting sometime this week?
（今週のいつか、直接お会いして打ち合わせをする時間はありますか）

超重要語 No.2　complete

complete は com（完全に）＋ plete（満たされた）からできた語で、「完全な」が基本的な語義。そこから「完全な状態にする」という動詞の使いかたが派生しています。名詞形の completion（完了、修了）、副詞形の completely（完全に）も頻出語です。

1. 形 完全な、〜一式

☐ I have attached a **complete** list of the products and services we offer at Striped Dog LLC.

（Striped Dog LLC においてご提供している商品およびサービスの完全なリストを添付いたしました）

2. 形 全面的な、まったくの

☐ I am looking forward to working with you as we prepare to make your corporate event a **complete** success.

（御社の企業イベントを大成功させる準備をお手伝いさせていただけることを楽しみにしております）

3. 動 〜を完了する

☐ We are currently working to solve the issue, and repairs should be **completed** by Monday morning at the latest.

（現在問題解決にあたっており、修復は遅くとも月曜日の朝までに完了する予定です）

4. 動 〜を仕上げる、完成する

☐ I'm afraid that I still have not been able to **complete** the report you requested this morning.

（申し訳ありませんが、今朝ご指示いただいた報告書はまだ完成していません）

5. 動（課程などを）修了する

☐ All employees are required to **complete** a 3-week training course upon entering the company.

（従業員は全員、入社と同時に3週間のトレーニングコースを修了しなければなりません）

6. 動 ～のすべての項目に記入する

☐ To thank you for **completing** this brief survey, we will send you a special coupon valid at any of our stores.

（この短いアンケートにお答えいただいたお礼に、全店でお使いいただける特別クーポンをお送りいたします）

7. 動 ～を完全なものにする

☐ This third novel **completes** the author's widely popular *Lord Yanik* series of fantasy books.

（この3作目の小説で、著者の大人気ファンタジーシリーズ『Lord Yanik』は完結する）

超重要語 No.3 feature

featureの基本的な意味は「目立つ部分や品質など」です。そこから「特徴」という名詞の意味が出てきますし、動詞では「特集する、売り物にする」といった意味にもなります。

1. 名 特徴、特性

☐ Although this video camera is highly affordable, it still has all of the **features** of a professional Hollywood video camera.

（このビデオカメラは非常にお値打ちですが、プロ用のHollywood仕様ビデオカメラのあらゆる特徴を備えております）

2. 名 機能

☐ If you encounter any problems setting up your account, please contact one of our team members using the online chat **feature**.

（アカウントの設定で何か問題が生じましたら、オンラインチャット機能を使って弊社のスタッフにご連絡ください）

3. 動 ～を特集する、取り上げる

☐ Every month, our magazine **features** a list of the best locations to retire abroad.

（本誌では毎月、退職後を過ごす海外のお薦めスポットを特集しています）

☐ Our nonprofit has been **featured** on a number of famous news programs because of our charity work.

(私たちの NPO は慈善活動で多くの有名なニュース番組に取り上げられた)

4. 動 ~を売り物にする、呼び物にする

☐ Each guest suite **features** a full kitchen, king-size bed, and private balcony.

(どのゲスト用スイートにもフル装備のキッチン、キングサイズのベッド、専用バルコニーがついています)

5. 動 (劇場が) ~を上演する

☐ Live entertainment, including jazz and rock music, is **featured** Friday through Sunday nights.

(金曜日から日曜日の夜にはジャズやロックなどの生演奏が行われます)

6. 動 ~を (重要な要素として) 含む

☐ Professor Wilkes' new book **features** many jokes and fun stories from his time as a young scientist.

(Wilkes 教授の新刊には、若き科学者だったころからの多くのジョークや笑い話が収録されている)

超重要語 No.4 ▶ order

　order は「オーダー」という日本語にもなっているので、「注文」の意味は思い浮かべやすいでしょう。しかし TOEIC の問題文では place[put] an order (注文する) のようにしばしば動詞に place[put] が使われること、「注文品」という意味でも用いられること、order が動詞でも使われることなどをしっかりと覚えておいてください。order form (注文書、注文用紙)、order log (注文記録)、purchase order (発注書) といった複合表現もよく使われるので覚えておきましょう。

1. 名 注文

☐ Earlier this morning, I called to place an **order** for a new lawnmower.

(今朝ほど、新しい芝刈り機を注文するためにお電話を差し上げました)

2. 名 注文品

☐ I am e-mailing you because I still have not received the **order** that I placed on October 31.
（10月31日に発注した品をまだ受け取っていませんので、Eメールを差し上げております）

3. 名 順序

☐ Below, you will find a detailed list of our products, displayed in **order** of price.
（以下に詳細な商品リストを価格順に掲載してあります）

4. 名 (整理された) 状態

☐ Once we have all of the applications in **order**, we will begin conducting interviews.
（応募書類がすべてそろい次第、面接を始めます）

5. 動 ～を注文する

☐ Thank you for **ordering** from El Poblado's online store.
（El Poblado オンラインストアにてご注文いただき、ありがとうございます）

超重要語 No.5 charge

　charge は、基本的に「負荷をかける」という意味の語です。そこから「(料金を)請求する」「料金」といった意味が出てきました。問題文には shipping charge (送料、発送費)、airline charge (航空運賃) のような複合表現、without charge、free of charge (無料で)、for no extra charge (追加料金なしで) といった成句でも頻出です。また overcharge (～を過剰請求する)、surcharge (追加料金) といった複合語も登場します。「責任」という意味では in charge of (～を担当して) という成句でよく使われます。少し意味が離れているように感じられるかもしれませんが、「電気という負荷を負わせる」という意味で「～を充電する」という意味にもなります。

1. **動 (代金を) 請求する**

☐ By submitting this form, you agree to have your credit card **charged** for the amount listed above.

(この申込書を提出することで、上記の金額をクレジットカードにご請求させていただくことに同意されたことになります)

2. **動 ～を充電する**

☐ For some reason, I am unable to **charge** my laptop's battery. I think it may be broken.

(どういうわけか、ノートパソコンのバッテリーに充電することができません。壊れたのかもしれません)

3. **名 料金、使用料、手数料**

☐ There will be an additional shipping **charge** for orders placed from overseas.

(海外からのご注文には追加の送料がかかります)

4. **名 責任**

☐ My name is Clint Spelling, and I am in **charge** of hiring new employees here at UpTidy Holdings.

(私は Clint Spelling と申しまして、弊社 UpTidy Holdings にて新規従業員の採用を担当しております)

超重要語 No.6 ▶ promote

　名詞形の promotion (販売促進) という語のほうが「プロモーション」というカタカナ語にもなっているのでなじみがあるかもしれませんね。promote は pro-(前方へ) + mote (動かす) からできた語で「前に推し進める」が元の意味。そこから「促進」「昇進」「販売促進」といった意味が出てきました。形容詞形の promotional も promotional material (販促資料)、promotional code (販促コード) などの表現で使われます。

1. 動 ～を促進する、振興する

□ The purpose of the program, which offers free bus rides to travelers, is to **promote** tourism in the area.
（旅行者に無料のバス乗車を提供するこのプログラムの目的は、地域の観光業を振興することにある）

2. 動 ～を販促する、宣伝する

□ The company is working hard to **promote** their new line of winter clothing.
（その会社は、冬服の新しい商品ラインの販促に力を入れている）

3. 動 ～を昇進させる

□ Employees at Tony Tippler Scouts have many chances to be **promoted** in exchange for their hard work and professionalism.
（Tony Tippler Scouts の従業員には、勤勉とプロ意識の見返りとして昇進の機会が多くある）

超重要語 No.7 ▶ issue

issue も TOEIC の問題文でよく使われる語ですが、一見関係がないように見えるいくつかの重要な意味を持っているので、注意が必要です。元の意味は「外に出たもの・こと」。問題文で一番よく使われるのは「(雑誌などの) 号」という意味です。雑誌は発行されたもの、つまり「出てきたもの」ですね。それから「問題」。これも「生じた問題」という意味です。そして「出す、発行する」という意味の動詞としても使われます。

1. 名 (雑誌などの) 号

□ The November **issue** of the magazine looked at the changing political situation in a number of African nations.
（本誌 11 月号では、多くのアフリカ諸国における変動する政治状況を取り上げた）

2. **名** 問題

□ Executives are already discussing what should be done about this urgent **issue**.

（役員たちはすでにこの緊急の問題についてどうすべきか協議している）

3. **動** 出す、発行する

□ New membership cards will be **issued** later this month.

（新しい会員証は今月中に発行されます）

超重要語 No.8 ▶ accommodate

accommodate はややレベルの高い語ですが、名詞形の accommodation とともに TOEIC の問題文では好んで使われるので、ぜひとも押さえておくべき単語です。名詞 accommodation は「宿泊；宿泊設備」と覚えておきましょう。動詞の accommodate は次の二つの使いかたを覚えておいてください。

1. **動** ～を収容する

□ Thanks to the recent renovation project, the conference hall is now able to **accommodate** over 5,000 visitors.

（最近の改修プロジェクトによって、会議場は現在5,000人を超える来場者を収容することができる）

2. **動** （要求などに）対応する、応じる

□ I apologize for not being able to **accommodate** your needs at this time.

（この度はご要望にお応えすることができずお詫び申し上げます）

超重要語 No.9 ▶ due

短くて日本人にはなかなか捉えどころがないのが due という単語です。元々「借金がある」という意味で、そこから「（当然）払われるべき」→「払われる予定の」→「～する予定の」と徐々に意味が広がりました。とりあえずは「予定」とい

う意味と考えて文を読みましょう。ただし、due date（支払予定日、締め切り、納期）、balance due（不足額）といった複合表現は覚えておく必要があります。またoverdue（支払期限の過ぎた）も頻出語です。

1. **形 予定である**

☐ According to the online tracking system, my package was **due** for delivery yesterday, but I never received it.
（オンラインの追跡システムによれば、私の荷物は昨日配達の予定でしたが、まだ受け取っていません）

☐ The new training manual is **due** to be published in February of next year.
（新たな研修マニュアルは来年2月に発表される予定だ）

2. **[due to ～で] ～による、～のために**

☐ Our sudden drop in supply is **due to** flood damage that occurred at one of our factories.
（突然の供給量の低下は弊社の工場の一つにおいて生じた洪水の被害によるものだ）

超重要語 No.10 access

　カタカナ語の「アクセス」はコンピュータ用語としてだけでなく、特定の場所へ行く交通手段としても定着していますが、元のaccessはac-（〈場所〉に）＋cess（行く）でできた語で「接近」を意味し、英語のネイティブにとってはコンピュータ用語のaccessも交通手段のaccessも特に意味の違いはありません。日本語に訳すといろいろな意味になってしまいますが、そのコアイメージを捉え、どんな文脈で出てきても違和感なく読み進められるようになりましょう。

1. **名 接近手段**

☐ Although the mall will be under construction for two months, shoppers will still have **access** to the stores inside.
（モールは2か月間工事になるが、買い物客はモール内の店舗に行くことはできる）

2. 名 インターネットへの接続

☐ Please use this password in order to receive **access** to our site's private members' area.
（弊社サイトのプライベートメンバーの領域にアクセスするためには、このパスワードをお使いください）

3. 名 利用する権利・手段

☐ This key card will provide you with **access** to the private research department.
（このキーカードを使えば、非公開研究部門に入ることができます）

4. 動 利用する、接続する

☐ You can **access** your student profile by entering your Student ID on the login page.
（ログインページで各自の学生IDを入力すれば、個人情報を閲覧することができます）

5. 動 近づく、入る

☐ In order to **access** the laboratory, you will need to enter this PIN code.
（実験室に入るにはこの暗証番号を入力しなければなりません）

ラチオ ポイント

ここに挙げた10語はTOEICのどんな場面の問題文にも登場する超頻出語。例文ごと繰り返し読み、どの意味で使われても引っかからずに読み進められるようにしておこう。

3-2 甘く見ると痛い目にあう語

よく出る度 🖐🖐🖐

> この先は、受験者が読み飛ばしがちな語句を見ていくよ。まずは、一見簡単そうに見えて読み飛ばしてしまう要注意単語から。ユキ、star、run、good、book、house の意味は？

> 「星」「走る」「よい」「本」「家」です。超、簡単！

だから、「要注意だ」っていってるのに……。

TOEIC の問題文を読んでいるときは時間に追われているので、つい読み飛ばしがちな単語があります。ところが必ずと言っていいほど、設問ではそういう読み飛ばしがちな箇所について問われます。

今挙げた star、run、good、book、house といった単語はどれも中学の教科書の最初のほうに出てくる単語なので、何となくわかったような気持ちになってスッと読み飛ばしてしまうのですが、TOEIC の問題文ではしばしば意外な意味で使われています。近い意味の語句を選ぶ問題として取り上げられることも少なくないので、そうした読み飛ばしが時間のロスにつながります。

ここでは、特に TOEIC の問題文で使われるものをまとめておくので、しっかりと頭に入れて、実際に問題文で見かけたら「ここが設問で問われるかもしれないぞ」と意識するくらいのつもりで読むようにしてください。

star（主演する）

☐ Martin Sharma, now a famous actor, first made his acting debut as a child, **starring** in the film *The Taste of This Wind*.

（今や有名な俳優となった Martin Sharma が子役としてデビューを果たしたのは、映画『The Taste of This Wind』で主演したときのことだ）

> 特に starring の形の場合、star であることに気づかないこともあるので注意してください。

143

run (～を経営［運営］する、続く、〈記事など〉を掲載する)

☐ The successful candidate will be capable of **running** a large marketing department with minimal assistance.
（採用者には、最小限のサポートで大きなマーケティング部門を運営する力が求められます）

☐ The sale will **run** from Friday, June 3 through Monday, June 6.
（セールは6月3日金曜日から6月6日月曜日まで行われる）

☐ Our magazine is **running** a series of articles on international chefs, and we were hoping to schedule an interview with you.
（弊誌では国際的なシェフについてのシリーズ記事を掲載しておりまして、あなたにインタビューさせていただけたらと考えておりました）

open (公開される、受け入れる)

☐ The exhibit will **open** to the public on Friday, March 4, and close on Monday, March 21.
（展示は3月4日金曜日に一般公開となり、3月21日月曜日に終了する）

☐ Entry is **open** to writers who have never published a major work of fiction.
（ご応募いただけるのは、これまでにフィクションで大きな作品を出版されていない方です）

work (工事、都合がいい)

☐ All visitors to the **work** site are required to wear a helmet at all times.
（工事現場に入る場合は常にヘルメットを着用してください）

☐ In order for us to set up a meeting, please send me a list of times that **work** well with your schedule.
（打ち合わせを設定しますので、ご都合のよろしい時間帯のリストをお送りください）

level (～を平らにする、ならす)

☐ The field has been **leveled** to prepare for the construction of a new building next year.
（その土地は来年の新たなビル建設の準備のためにならされた）

good（有効な）

- This offer is **good** only until March 18, when prices will go back up.
  （今回のご提供が有効なのは 3 月 18 日までのみで、それ以降はまた価格が上がります）

last（続く）

- Interviews usually only **last** for about twenty minutes.
  （面接は通常 20 分ほどで終わります）

party（関係者、当事者）

- We respect our customers' privacy and will never share their personal information with any third **party**.
  （弊社ではお客さまのプライバシーを第一に考えており、個人情報をいかなる第三者にも開示することはありません）

line（商品、商品ライン）

- Our new **line** of Comfort Top mattresses will be made available later this month.
  （弊社の新製品 Comfort Top マットレスは今月中に発売される予定です）

lift（〜を解除する）

- The company has **lifted** the ban on shorts and T-shirts in the workplace.
  （会社は職場における短パンと T シャツの禁止を解除した）

address（〈問題など〉に対処する）

- The Parent Teacher Association is holding a meeting next Wednesday in order to **address** the low attendance problem.
  （PTA は、出席率が低いという問題に対処するため、来週の水曜日に会合を開く）

develop（〈問題など〉を起こす）

- When thousands of people are using the same software every day, it is prone to **developing** defects.
  （毎日何千人もの人が同じソフトを使っていれば、不具合は生じるものだ）

145

ship（〜を出荷する、発送する）

☐ All orders over $50 will be **shipped** free of charge.
（50 ドルを超えるすべてのご注文品は送料が無料になります）

> ここに挙げた中でもとりわけ頻度の高い語。shipment（出荷）、ship date（出荷日）などの表現も頭に入れておいてください。

busy（混雑した）

☐ On Saturdays, when the park is considerably **busy**, our company sets up a booth to hand out free drinks.
（土曜日にはその公園はとても多くの人でにぎわうので、わが社ではブースを出して無料のドリンクを配布している）

book（〜を予約する）

☐ I have **booked** the flights for your upcoming trip to London, and you can find the reservation details at the bottom of this e-mail.
（今度のロンドンへのご出張の飛行機を予約しました。予約の詳細はこの E メールの一番下にあります）

leave（休暇）

☐ In order to request vacation **leave**, please submit this form to your department manager.
（休暇を申請するには、この申請書を部長に提出してください）

report（直属する、管理下にある）

☐ All of the sales managers **report** to Mrs. Graves, the Regional Sales Director.
（営業部長は全員、地域販売担当役員の Graves さんの直属となる）

meet（〈要求など〉を満たす）

☐ I am sorry to inform you that your résumé did not **meet** the requirements for this job.
（残念ながら、お送りいただいた履歴書がこの職の要件を満たしていなかったことをお伝えします）

store (〜を保管する)

☐ All guests are encouraged to **store** their valuables in one of the hotel's safes.

（すべてのお客さまに、貴重品をホテルの金庫に保管されることをおすすめします）

table (表)

☐ In the **table** attached to this e-mail, you will find a breakdown of our company structure.

（このEメールに添付した表は、当社の組織の詳細を示しています）

must (必要なもの、必需品)

☐ The hiking trails can be quite confusing, so a high-quality map of the area is a **must**.

（ハイキングコースはとてもわかりにくいので、その地域の精密な地図が欠かせません）

park (〜を駐車する)

☐ Please make sure to only **park** your vehicle in designated areas.

（お車は必ず指定された場所のみに駐車してください）

house (〜を内蔵する、所蔵する)

☐ Tina Vann donated her extensive art collection, which is now **housed** in the Bridgepoint Gallery.

（Tina Vann は広範な美術コレクションを寄付し、それらは現在 Bridgepoint ギャラリーに所蔵されている）

プラチナポイント

以上の語は、一見やさしいので読み飛ばしがちだが、気を抜いて読むと痛い目にあう。例文を何度も読んで、使いかたまでしっかりと頭に入れておこう。

3 難しめの語

よく出る度 👆👆👆

一つ前のセクションでは簡単そうな単語を見たね。今度はその逆だよ。

難しそうに見えるけど、やさしい単語ですか？

「難しそうに見えるけど、やさしい」というわけではありませんが、少し難しめの単語を取り上げます。

TOEICでは極端に難易度の高い語が使われることはまれですが、特にリーディングセクションには比較的難易度の高い語句が紛れ込んでいることがあります。実はこれが曲者です。受験者は時間に追われながら問題文を読んでいるので、たまに知らない単語が出てきても、「ん？ まあこのくらいわからなくてもいいか。とにかく先へ、先へ」と思って読み飛ばしてしまいがち。ところが、そういう箇所に限って、設問でやさしい表現に言い換えられて問われるのです。

もちろん、知らない単語はどうしようもありません。でも、「ん？」と思ったときにあえて立ち止まって前後を見てみると、文脈から知らない単語のおおよその意味が推測できる場合はあります。そして、そうやって立ち止まっておくと、少なくとも設問を見たときに「あ、きっとあの箇所のことだ！」と見当をつけやすいのです。選択肢から逆に本文中の単語の意味がわかるなんていう場合だってあります。何よりも「読み飛ばし」は禁物。「あ、知らない単語だ」と思ったら、あえてその箇所を意識してしっかりと読むくらいのつもりで読みましょう。

ここでは問題文で散見される少し難易度の高い語を見ておきます。語彙力は日々語句を覚えて少しずつ強化していくしかありませんが、ここに挙げた単語を覚えておくだけでも読んでいて引っかかる可能性は低くなるはずです。

complimentary（無料の、優待の）

☐ There are **complimentary** water bottles in the hotel lobby.
（ホテルのロビーには無料のボトルウォーターをご用意しております）

> 一般的には「お世辞を言う、お祝いの」という意味の形容詞ですが、TOEICではほとんど100%「無料の、優待の」の意味で使われます。freeとの言い換えは超頻出です。

eligible（資格がある）

☐ Only first-time customers are **eligible** to claim this offer.
（初回のお客さまに限り、このサービスを受けることができます）

> 「○○を持っている者だけが資格がある」という本文での表現が、選択肢では「○○を取得することを要求される」などと言い換えられます。

novice（初心者（の））

☐ This introductory course is ideal for **novice** tennis players.
（この入門コースはテニスの初心者にぴったりです）

> 「エキスパートも初心者も」という本文での表現が、選択肢では「すべてのレベルの人」などと言い換えられます。

reimbursement（払い戻し）

☐ The company will provide a **reimbursement** for all of your travel expenses.
（出張費は全額会社から返金されます）

> 動詞形の reimburse（払い戻す）も覚えておきましょう。

acclaimed（高く評価された）

☐ The **acclaimed** restaurant serves a wide variety of dishes created by Chef Rooney.
（その評価の高いレストランでは、シェフRooneyによって生み出されたさまざまな料理を提供している）

> highly regarded などと言い換えられます。

scenic（眺めのいい、風光明媚な）

☐ Every suite at our hotel has a **scenic** view of the tropical coastline.
（当ホテルではどのスイートルームからも熱帯地方の海岸線の素晴らしい景色をお楽しみいただけます）

> scene（場面、シーン）の同語源語。シンプルに beautiful と言い換えられることがあります。

affordable（手ごろな価格の）

☐ Chop Top Grill serves world-class, delicious food at **affordable** prices.
（Chop Top Grill では、世界的なレベルの美食をお手ごろな価格でご提供しております）

> afford（買うことができる）に可能を表す接尾辞 -able がついてできた語です。類義語は reasonable。

depict（〜を描写する、表現する）

☐ The halls of the offices have pictures that **depict** the gradual growth of the company over the years.
（会社のホールには、長年にわたり会社が少しずつ成長してきた足どりを描く写真が展示されている）

> picture（絵）と同語源語です。

expiration（期限切れ、(契約などの) 満了）

☐ Please check that you have entered the correct **expiration** date for your credit card.
（クレジットカードの有効期限を正しく入力したか確認してください）

> expire（期限が切れる）も必須語です。

relocation（移転）

☐ This letter is to announce the **relocation** of our main office.
（この手紙は本社の移転をお伝えするためのものです）

> re-（再び）＋ location（位置づけ）からできた語。transfer や move を使って言い換えられることがあります。

familiarize（〜を慣れ親しませる、習熟させる）

☐ During your training period, please try to **familiarize** yourself with each of our products and services.
（研修期間中に、当社の商品やサービス一つひとつをよく把握するようにしてください）

> familiar（よく知っている、精通した）の動詞形です。

insulation（防音、断熱）

☐ Each of the log cabins is equipped with state-of-the-art **insulation** to keep out the cold.
（ログキャビンはどれも最新の断熱設備で防寒されています）

> 「防音が十分でなかった」という本文が、選択肢で「うるさかった」「静かではなかった」などと言い換えられることがあります。

renowned（名高い）

☐ The graduation ceremony will feature a speech by **renowned** author Delilah Harrison.

（卒業式では著名な作家 Delilah Harrison によるスピーチが行われます）

> しばしば famous に言い換えられます。

itinerary（旅程表、旅行の予定）

☐ Please take a few moments to look over the planned **itinerary** for the group trip.

（ここで少しの間、グループ旅行の予定表をご覧ください）

> シンプルに schedule と言い換えられることがあります。

nutritional（栄養の）

☐ Our cooking school teaches students how to make food that is not only delicious, but also **nutritional**.

（当料理学校では生徒の方々に単においしいだけでなく栄養価の高い料理の作りかたをお教えします）

finalize（～を仕上げる、まとめる）

☐ We need to **finalize** our plans for next summer's manager training seminar.

（我々は今度の夏の管理者研修セミナーの計画をまとめなければならない）

> 「final（最後の）にする」が原義です。

preferred（望ましい、推奨される）

☐ Experience in a management role at a restaurant is **preferred**, but candidates with experience at other types of businesses are also welcome.

（レストランの支配人経験のある方が望ましいですが、その他の職種の経験をお持ちの方も歓迎します）

intricate（複雑な、入り組んだ）

☐ The movie has an **intricate** plot with dozens of characters and multiple storylines.

（その映画は多くの登場人物と多重のストーリーから成る複雑な筋書きになっている）

seasoned（熟練した）

☐ This book includes hundreds of secret tips from **seasoned** business owners on how to increase sales.

（この本では経験豊かな経営者の方々による、売上を伸ばすための数多くのコツをご紹介しています）

> experienced と言い換えられることあります。season に「〜に味付けをする」という意味があることも覚えておきましょう。

supervisory（管理の、監督の）

☐ Only candidates with **supervisory** experience will be considered.

（管理業務経験のある方だけが選考の対象となります）

intriguing（興味をそそる、面白い）

☐ Here at Green Acres University, we encourage students to study the topics that they find to be the most **intriguing**.

（ここ Green Acres 大学では、学生に自分が最も興味があると思うテーマについて研究するように促しています）

commemorate（〜を祝う、記念する）

☐ This award was originally created to **commemorate** the 20th anniversary of the death of Lynn Edwards, a well-respected director.

（この賞はもともと高名な映画監督 Lynn Edwards の没後 20 年を記念して創設された）

culinary（料理の）

☐ When Chef Daniels first began to study the **culinary** arts, he did not actually plan to become a professional chef.

（シェフ Daniels が最初に料理の勉強を始めたときは、実はプロのシェフになるつもりはなかった）

established（既存の、定着した）

☐ The company, which is planning to begin opening stores in Australia later this year, already has an **established** customer base in Europe.

（その会社は今年中にオーストラリアに出店を始める計画だが、ヨーロッパではすでに既存顧客ベースを獲得している）

inaugural（初の、就任の）

☐ *Sit, Stay, Roll Over*, a new magazine about dog care and dog training methods, is seeking submissions for its **inaugural** issue.

（犬の世話としつけかたの新雑誌『Sit, Stay, Roll Over』では、創刊号への投稿を募集中です）

prestigious（一流の、高級な）

☐ Yusuke Kikuta has won several **prestigious** awards for his piano pieces and performances.

（Yusuke Kikuta はピアノ曲と演奏でいくつかの名誉ある賞を獲得してきた）

entrepreneur（起業家、企業家）

☐ Starting his first business when he was only 12 years old, CEO Harvey Chan has always dreamed of becoming a successful **entrepreneur**.

（わずか 12 歳で最初のビジネスを始めて以来、CEO の Harvey Chan は常に起業家として成功することを夢見てきた）

vacate（〜から立ち退く）

☐ We will still own the property on Third Street after moving to the new office, so we need to decide what we will do with the **vacated** space.

（我々は新オフィスに移転したあとも Third Street の地所をまだ所有しているので、その跡地をどうするか決めなければならない）

recount（〜を詳しく話す、物語る）

☐ In his 300-page autobiography, actor William Greene **recounts** the struggles he faced throughout his career.

（300 ページの自伝の中で、William Greene は彼が俳優業を営む中で直面してきた葛藤について語っている）

foster（〜を発展させる）

☐ The purpose of this training series is to **foster** a sense of community in the workplace.

（この一連の研修の目的は、職場における仲間意識を高めることです）

incur （〈好ましくないもの〉を招く、〈損害など〉を受ける）

☐ Please be aware that overweight packages will **incur** additional fees.

（重量制限を超えるお荷物には追加料金がかかりますのでご注意ください）

rapport （関係）

☐ Good salespersons are skilled at developing **rapport** with their customers.

（よい販売員は顧客との関係を築く手腕に長けている）

> 類義語は relationship。「〜と良好な関係を築く」という本文が、選択肢で「〜と効率的にやりとりする」などと言い換えられることがあります。

premise （敷地、施設）

☐ During the construction period, only authorized personnel will be allowed to enter the **premises**.

（工事期間中は、認可を受けた者以外、敷地に入ることはできません）

> この意味では premise は常に複数形で使われます。

ゴラチオポイント

以上の語は頑張って覚えておくこと。問題文にそれ以外の難しめの語句が出てきたら、一度立ち止まって前後関係からおおよその意味が推測できないか確認しよう。難しめの語句の周辺が設問で問われることがある。

④ 二つ以上の語がつながっている語

よく出る度 👆👆👆

> 難しめの単語は覚えられた？ 一つの問題文に難しい語がたくさん出てくることはないので、心配しなくて大丈夫だよ。さて、今度はやさしいわけでも難しいわけでもないけれど、読み飛ばしがちな単語を見てみよう。

> やさしくも難しくもないけど読み飛ばしがちな語、ですか？ なんだかなぞなぞみたいですね……

　繰り返しになりますが、問題文を読むときに気をつけなければならないのは、フッと集中力が途切れて読み飛ばしをしてしまうことです。出題者は、受験者がきちんと問題文を読んでいるかどうかを確かめようとしているので、受験者が読み飛ばしそうなところを突く問題を出してきます。そして受験者が読み飛ばしがちな語句というのがあるんです。

　ここまで一見やさしい語句、逆に難しめの語句を見てきましたが、ここで見るのは二つ以上の語がつながっている語、複合語です。（ちなみに本書では便宜上、workplace（職場）や family-owned（家族経営の）のように1語になったものを複合語、conference call（電話会議）のように2語で一つのカタマリになったものを複合表現と呼びます。）

　皆さんの持っている辞書や単語集に、soon-to-open という複合語は載っていますか？ soon も to も open もみんなやさしい語ですが、ほとんどの辞書に soon-to-open という見出し語は出ていないと思います。これは「間もなくオープンになる、開設される」という意味の形容詞で、TOEIC では例えば問題文の中で the soon-to-open Sao Paulo bureau（間もなく開設されるサンパウロの事務所）と言われていたものが、選択肢では a new office（新しいオフィス）と言い換えられて出題されたりします。

　ところが、この soon-to-open のような複合語を見ると、見覚えはないけれど、構成する語句はよく知っているために意識に引っかからないのか、あるいは制限時間のプレッシャーからか、つい読み飛ばしてしまうんですね。それで設問や選択肢に言い換え表現が出てくると、記憶になくて焦ってしまう、ということになります。

　ここでは TOEIC の問題文に登場するこうした複合語をまとめて取り上げます。こ

うした複合語を見かけたら、読み飛ばすどころかむしろ意識し直すくらいのつもりで問題文を読むようにしてみてください。急がば回れ。きっとあなたの解答時間のロスを防ぐ役に立つはずです。ここではフレーズの形で挙げておきますので、丸ごと覚えてしまいましょう。まずはハイフンつきの複合語から。

☐ our **award-winning** restaurant（当ホテルの受賞歴のあるレストラン）

> prize-winning とも言います。

☐ use **energy-efficient** light bulbs（エネルギー効率のいい電球を使う）
☐ a **1,500-square-meter** facility（1,500 平方メートルの施設）
☐ at an **off-site** location（社外の場所で）
☐ **higher-than-average** rainfall（平均を超える降雨）
☐ a **family-owned** business（同族会社、家族経営の会社）

> family-operated とも言います。

☐ have three years of **job-related** experience（3 年の業務経験がある）
☐ an **intermediate-advanced** Chinese course（中国語の中上級コース）
☐ a **standard-size(d)** product（標準サイズの製品）
☐ **on-site** assembly（現場組み立て）

> 「社内で（の）」の意味でも使われます。

☐ offer **same-day** shipping（即日発送する）
☐ **long-lasting** effect（長持ちする効果）
☐ **last-minute** booking（予定日間際の予約）
☐ the **best-selling** model（一番売れているモデル）
☐ corporate **well-being**（企業の福利厚生）
☐ **travel-sized** shampoo（旅行用シャンプー）
☐ a **French-inspired** menu（フランス料理に着想を得たメニュー）
☐ a **full-sized** image（実物大［フルサイズ］の画像）
☐ **small-scale** enterprises（小企業）
☐ **video-conferencing** function（ビデオ会議機能）

- ☐ high-quality material（高品質素材）
- ☐ first-time visitors（初回の来場者）
- ☐ back-ordered items（取り寄せ品）
- ☐ a year-round program（通年プログラム）
- ☐ the soon-to-open Sao Paulo bureau（間もなく開設されるサンパウロの事務所）
- ☐ an all-day tour（1日がかりのツアー）
- ☐ one's all-around ability（多才な能力）
- ☐ a point-and-shoot camera（オートフォーカスカメラ）
- ☐ frequent-flyer program（マイレージサービス）
- ☐ a hand-painted sign（手描きの看板）
- ☐ heavy-duty tires（高耐久性タイヤ）
- ☐ a Chicago-based accounting firm（シカゴに本拠地を置く会計事務所）
- ☐ a call-forwarding service（電話転送サービス）
- ☐ profit-sharing system（利益分配システム）
- ☐ the third-place winner in the Student Design Competition
  （学生デザインコンテスト3位入賞者）
- ☐ a full-service gas station（フルサービスのガソリンスタンド）
- ☐ create an eye-catching display（人目を引くディスプレーを作る）
- ☐ reserve a three-night stay at a hotel（ホテルに3泊の滞在を予約する）
- ☐ get a round-trip flight ticket（往復航空券を買う）
- ☐ three-minute walk from Kyoto Station（京都駅から歩いて3分の距離）
- ☐ offer Web-based services（ウェブベースのサービスを提供する）
- ☐ make a one-time payment（一括払いする）
- ☐ offer in-home services（出張サービスを行う）

> in-home は「在宅の」という意味です。

- ☐ home-style carrot cake（ホームメード風ニンジンケーキ）
- ☐ an addressed, postage-paid envelope
  （あて先入りの郵便料金支払い済み封筒）

- ☐ next-day delivery service（翌日配達サービス）
- ☐ state-of-the-art fitness equipment（最新のフィットネス機器）
- ☐ spacious, air-conditioned suites
  （広々としてエアコンの効いたスイートルーム）
- ☐ a long-awaited new album（待望のニューアルバム）
- ☐ serve in-flight meals（機内食を出す）
- ☐ participate in a round-table discussion（円卓会議に出席する）
- ☐ an in-store poster（店内ポスター）
- ☐ fast-growing market（急成長する市場）
- ☐ a question-and-answer session with residents（住民との質疑応答）
- ☐ self-addressed stamped envelope（返信用封筒）
- ☐ a low-cost airline（格安航空会社）
- ☐ conduct follow-up research（追跡調査を行う）
- ☐ a year-long campaign（年間キャンペーン）

> もちろん week-long（1週間にわたる）といった語句も使われます。

- ☐ a two-level parking building（2層の駐車場）
- ☐ price-conscious consumers（価格に敏感な消費者）
- ☐ limited-time offer（期間限定サービス）
- ☐ a single-occupancy room（一人部屋）
- ☐ easy-to-adjust curtain（簡単に調整できるカーテン）
- ☐ the decision-making process（意思決定のプロセス）

ハイフンつきの複合語、たくさんありましたね。今度はハイフンなしの複合語です。例えば concertgoer（コンサートに行く人）は、concert goer と離れているとわかりやすいですが、1 語になっていると「見たことのない単語だ！」と焦ることもあります。普段から「見慣れている」ことも大切です。

- ☐ **lifetime** of battery（電池の寿命）

  > bring a lifetime of happiness（生涯にわたる幸福をもたらす）のような使いかたもあります。

- ☐ handle **paperwork** effectively（書類仕事を効率的に処理する）
- ☐ a popular **campground**（人気の高いキャンプ地）
- ☐ a **longtime** customer（長年取引のある顧客）
- ☐ a **hardware** store（金物店、工具店）
- ☐ **workplace** safety issues（職場の安全性の問題）
- ☐ **walkway** renovation（歩道の改修）

  > pathway（通路）も覚えておきましょう。

- ☐ increase **nationwide**（全国的に増加する）

  > 「国内」であることに注意。throughout the country などと言い換えられることがあります。「世界的に」なら worldwide。

- ☐ 30 percent of our **workforce**（全従業員の 30 パーセント）
- ☐ during the **daytime**（日中）
- ☐ **lightweight** materials（軽量素材）
- ☐ set up a consumer **hotline**（消費者ホットラインを設置する）

  > 「（緊急時用の）直通電話」のこと。

- ☐ **woodland** landscape（森林風景）
- ☐ leave a **voicemail** message（留守電メッセージを残す）

  > voice-mail とハイフンつきの表記もありますが、TOEIC ではハイフンなしで使われています。

- ☐ frequent **concertgoers**（コンサートによく行く人たち）
- ☐ monthly **paycheck**（月給）
- ☐ the **halfway** point of the project（プロジェクトの中間点）
- ☐ the **layout** of the house（家の見取り図、間取り）
- ☐ the company's new line of **glassware**（会社のガラス製品の新商品）
- ☐ **workout** clothes（運動着、トレーニングウェア）
- ☐ a copy of a **paystub**（給与明細の写し）
- ☐ a **lifelike** sculpture（生きているような彫刻）
- ☐ a **storytelling** session（読み聞かせの会）
- ☐ **breathtaking** landscapes（息をのむような素晴らしい景色）

プラチナポイント

複合語は単語集などでもほとんど扱われず、一見やさしげに見えるのでつい読み飛ばしがち。しかし、設問で問われることが多いので、気を抜かずにしっかりと意味を考えながら読もう。

③5 単語の「部分」から意味を推測する

よく出る度 👆👆👆

> ユキ、なんで頭を抱えてるの？

> こんなにたくさん覚えられません……

　このパートの最初で1語でも多く覚えることがスコアアップへの道だと言いましたが、語彙力はそんなに急激に身につくものではありません。単語の使いかたをイメージしながら勉強するのはとても効果的な方法ではありますが、それにしても日々英文を読んだり聞いたりしながら、知らない単語や知らない使いかたが出てきたら一つひとつ覚えていく。そのようにして少しずつ増やしていくのが、長い目で見れば一番効果的な方法です。

　ところで、TOEICの問題文には初めて見る単語でも十分に意味の推測できるものも少なからず登場します。ここでは接辞の知識を使った語彙力の拡張法についてお教えしましょう。

　主にラテン系の起源を持つ単語の中には、接頭辞、語根、接尾辞からできている語があります。このうち接頭辞と接尾辞を合わせて「接辞」と呼びます。この「接辞」を知っているだけで、初めて見る単語の意味が推測できる場合があるんです。例えば repurchase（買い戻す、再購入する）という単語について考えてみましょう。この単語の re- の部分が接頭辞です。接頭辞 re- には「再び」という意味があるので、purchase（購入する）という単語を知っていれば、初めて repurchase という単語を見たとしても、re-（再び）＋ purchase（購入する）で、「再び買う」という意味だろうと推測がつくわけです。

　ここで、すぐに覚えられる接辞とそれを使った問題文に登場する単語をご紹介しておきましょう。以下に挙げたのは50個以上の接辞のついている単語です。一気にボキャブラリーを増やすことができますよ。また、語源を使って単語を覚える本がいろいろ出ているので、そういったものを参考にしてみるのもいいでしょう。

re- (「再び」を意味する)

- [ ] repurchase (買い戻す、再購入する)
- [ ] restart (再スタートする、再開する)
- [ ] redesign (再設計する)
- [ ] renegotiate (再交渉する)
- [ ] redecorate (改装する、飾り直す)
- [ ] reschedule (スケジュールを変更する、組み直す)
- [ ] redevelopment (再開発)

in- (否定、反対を表す)

- [ ] indirect (間接的な)
- [ ] insufficient (不十分な)
- [ ] inaccurate (不正確な)
- [ ] inexperienced (経験不足の、未熟な)
- [ ] inconvenience (不便)
- [ ] inexpensive (安い、高価でない)
- [ ] indefinitely (無期限に、無制限に)

un- (否定、反対を表す)

- [ ] unexpected (予期しない、予想外の)
- [ ] unsatisfactory (不満な、満足できない)
- [ ] undecided (未決定の、未決着の)
- [ ] unlimited (無制限の)
- [ ] unbiased (偏りのない、公平な)
- [ ] unpublished (未発表の、未刊の)
- [ ] unsuitable (不適当な、不相応な)
- [ ] unused (未使用の)
- [ ] unorganized (組織化されていない)
- [ ] unavailable (入手できない、利用できない)
- [ ] unacceptable (受け入れられない)
- [ ] unpaid (未払いの)
- [ ] unsigned (無署名の)

dis- (分離、拒絶を表す)

- [ ] disconnection (分離、切断)
- [ ] displeased (不機嫌な)
- [ ] disruptive (破壊的な)
- [ ] disagree (意見を異にする、不賛成だ)

pre- (「前」を意味する)

- [ ] preregister (事前登録する)
- [ ] preload (あらかじめ充填する)

non- (否定、欠如を表す)

- [ ] nonacademic (非学問的な)
- [ ] nonstop (直行便の)
- [ ] nonprofit (非営利の)
- [ ] noncompetitive (競合しない)

-able (「〜できる」を意味する)

- ☐ enjoyable (楽しめる、楽しい)
- ☐ profitable (利益になる、もうかる)
- ☐ suitable (ふさわしい)
- ☐ foreseeable (予測できる)
- ☐ negotiable (交渉の余地がある)
- ☐ rechargeable (再充電可能な)
- ☐ accessible
  (利用できる、(価格が)手が届く)
- ☐ durable (耐久性のある、もつ)
- ☐ transferable
  (移転可能な、転送可能な)
- ☐ allowable (許容できる)
- ☐ memorable
  (記憶に残る、忘れられない)
- ☐ readable (読みやすい、面白く読める)
- ☐ refundable (返済できる)

-ee (「〜される人」を意味する)

- ☐ trainee (研修員、見習い)
- ☐ interviewee (インタビューを受ける人)
- ☐ mentee (メンターから指導を受ける人)
- ☐ attendee (参加者)
- ☐ trustee (受託者)

プラチナポイント

主な接頭辞や接尾辞を覚えておくだけで、初めて見る単語でも意味が容易に推測できるものもある。

Chapter 3
問題を解くときのポイントを知る

この章では、実際のTOEICのPart 7でどんな設問が出題されるか、それをどう解いたらいいかについて見ていきましょう。

ついに問題を解くんですね！

そうだよ。それも正攻法でね。

　Chapter 1でTOEICのPart 7でどんなタイプの問題文が出題されるかを、Chapter 2ではその問題文をどう読んだらいいかを学んできました。この章では、問題の解きかたについて見ていきます。

　ところで突然ですが、皆さんはテスト問題を作る人たちがどんなことを考えて問題を作っているか、考えたことがありますか。テストは実力を測るためのもの。例えばTOEICテストの読解問題であれば、受験者がどのくらい英文を読む力があるかを測ろうとしています。

　それなのに、英文をきちんと読まずに正解できてしまったら、テストとしてふさわしくないですよね？　それに、長文問題を作るのって大変なんです。場面や筋書きを考え、長さやレベルを調整し、Eメールのアドレスや、旅程表の行き先のような細部まで、矛盾のないように作り込む必要があります。そして、問題文の中からまんべんなく設問を出題しなければなりません。

　だから、問題文も設問も最後まで読んで、きちんと内容を理解した人だけが正解できるような問題にしたい——出題者がそう考えるのは当然でしょう。

　とはいえ、TOEICはマークシートを使う選択式。安易な作りかたをすると、問題文をきちんと理解できていなくても正解できる問題になってしまいます。例えば、日本語で考えてみましょう。

Question： なぜそのソフトウェアはアップグレードする必要があるのか。
　(A) 新しいから
　(B) 機能が豊富だから
　(C) 脆弱だから
　(D) 動きが速いから

　問題文を見せていませんが、どれが正解かわかりますか。問題文がどうであれ、ほかの選択肢では設問の答えとして不自然なので、(C)が答えだと見当がつきますよね。問題として適切とは言えません。では、次はどうでしょう。

Question：なぜそのソフトウェアはアップグレードする必要があるのか。
  (A) 古いから
  (B) 機能が少ないから
  (C) 脆弱だから
  (D) 動きが遅いから

今度はどれが正解とは言えませんね。どれも正解になり得るので、これでは問題として成立しません。次は、問題文を見せます。

> このソフトウェアは脆弱なのでアップグレードする必要がある。

Question：なぜそのソフトウェアはアップグレードする必要があるのか。
  (A) 古いから
  (B) 機能が少ないから
  (C) 脆弱だから
  (D) 動きが遅いから

これでは、問題文の意味がわからなくても、(C) が正解だとわかってしまいますね。問題文と同じ言葉が選択肢で使われているからです。では、次のようにしたらどうでしょうか。

> このソフトウェアは脆弱なのでアップグレードする必要がある。

Question：なぜそのソフトウェアはアップグレードする必要があるのか。
  (A) 古いから
  (B) 機能が少ないから
  (C) 攻撃を受けやすいから
  (D) 動きが遅いから

これなら、問題文も設問も選択肢もわからなければ解けません。特に、問題文の「脆弱な」が選択肢で「攻撃を受けやすい」と言い換えられている点がポイントだとわかるでしょう。TOEIC の読解問題も基本的にはこのように作られていると言えます。

この章では、「言い換え」のさまざまなパターンを中心に、問題文、設問、選択肢の順に問題を解くプロセスを追います。そして、最後に、効率よく問題を解くための手順「HUMMER（ハマー）式」もご紹介します。いずれにしても、問題文も設問も選択肢もきちんと読んで理解したうえで解く、これが本書でお薦めする方法です。

❶ 問題文を流れに乗って読み切る

> さあ、ここからは実際のテストで問題を解いていくときにどうしたらいいかを見ていくよ。

> 頑張ります！

　　　　問題を解く際には、当たり前のことですが問題文を読みます。繰り返しになりますが、TOEIC の問題を解くときに問題文を読むことから逃げてはいけません。ここまで読んできた皆さんなら、問題文にどんなタイプの文が登場するかよくわかっているので、心配ありませんよね。問題文を前から後ろへとしっかりと読む。ベタ読みする。これが問題を解くうえで一番大事なポイントです。ここでは、英文を読むうえで心がけるべきいくつかの点を、おさらいを兼ねてまとめておきましょう。

日本語に訳さない

　問題文を読むときに日本語に訳してはいけません。英語と日本語では語順が根本的に異なるので、日本語に訳そうとするとどうしても後ろから前へと返り読みをすることになり、余計な時間がかかってしまいます。TOEIC のリーディングは時間との戦い。前から後ろへと英語の順番のまま読み進めていくことが大切です。

飛ばし読みをしない

　Chapter 2 の「要注意の単語を押さえる」のセクションで見たように、つい読み飛ばしてしまいがちな語句というものがあります。一見やさしい語句、難しめの語句、そして複合語といったものです。そうした語句が出てきたときにこそしっかり読み込む、そのくらいのつもりで読み進めましょう。

　もちろん一つのセンテンスを読み終わったときに「？」となることはあります。そのときにはもう一度そのセンテンスを文頭から読み直しても構いません。1 文は長くても語

数は知れていますから、2回読んでもロスするのは10秒足らずでしょう。問題文全体を読み終わって「？？？」となった場合は、どこからわからなくなったかを確かめることから始めることになり、はるかに多くの時間をロスしてしまいます。

TOEICのような時間との戦いであるテストでは、焦れば焦るほど傷口が広がります。わからない文は落ち着いて読み直しましょう。

内容をイメージする

読む際には、英語を日本語に置き換えるのではなく、内容をイメージしながら読むようにしましょう。イメージは一瞬で絵のように広がるので、余計な時間がかからないばかりでなく、問題文全体の流れがわかるため、先に続く英文の理解も助けてくれます。設問では「なぜこのメールが書かれたのか」「○○さんは次に何をすると考えられるか」といったことが問われる場合がありますが、内容がイメージできていればこれらの問題に答えるのは容易です。

読む必要のないところは読まない

「え？ 全部読むんじゃないの？」と思われるかもしれませんね。でも、Chapter 1で問題文のタイプを紹介したときにも説明したように、メールのアドレスや結びの文句（日本語で言えば「敬具」にあたるようなもの）、領収書や表、アンケートなどの項目名、オンラインチャットの時刻など、ちらっと「見れば」済むものもあります。こういった情報は、問題で問われたときにそこに戻れれば十分なので、どこにどういう情報が書かれているのかだけを把握するようにしましょう。本書の冒頭でも述べたように、TOEICのリーディングでは、書かれている内容をイメージする力と同時に、文書の中から必要な情報を探し出す力も問われています。

テンポよく読む

Part 7にはいろいろなタイプの問題文があり、読みやすいものも読みにくいものもあります。もし「この問題文は全然わからない！」と思ったら、潔くあきらめて次の問題文に進む勇気も大切です。Part 7だけでも15セット（23の問題文）を読まなければ

ならないので、一つの問題文にこだわりすぎると、簡単に読めたはずのほかの問題文に取り組む時間がなくなり、大きなダメージになりかねません。テンポよく読んでテンポよく答え、それを妨げるような問題文にぶつかったら後回しにして、最後に時間が余ったらそこに戻ればいいのです。

プラチナポイント

問題を解くうえで一番大事なのは問題文をしっかりと読むこと。問題文を読み進める際には以下の点に気をつけよう。

＊日本語に訳さない
＊飛ばし読みをしない
＊内容をイメージする
＊読む必要のないところは読まない
＊テンポよく読む

❷ 主な設問のパターンを覚えておく

> 問題文の次は設問について見ていくよ。

> 設問も大事なんですか？

　　　　　もちろん大切です。いくら問題文が正しく読めていても、それについて何が問われているのかがわからなければ、問題の解きようがありません。ここでは設問の読みかた、そしてどんな設問が出題されるのか、代表的なものを見ていきます。

　まずは、設問の読みかたです。皆さん、次の設問を見て意味がパッとわかりますか？

> According to the speaker, what does 51 Colors Inc. sell that is difficult to find in most places?
>
> What is suggested about the package that Starglass Mugs will send to Mr. Rivera?
>
> What item does the advertisement NOT mention will be on sale next weekend?

　ギョッとしたでしょうか。実際、Part 7 ではこのくらいの長さ、難易度の設問が登場することもあります。ただし、落ち着いて見れば、Chapter 2 で学んだ前置詞句や関係詞節、挿入などで長くなっているだけです。少し長めの設問が登場しても、焦らずに正しく理解できるようにしましょう。上の設問の意味は次の通りです。

According to the advertisement, what does 51 Colors Inc. sell that is difficult to find in most places?
(広告によれば、51 Colors Inc. はたいていの店では見つけることの難しいどのようなものを販売しているか)

複数文書の According to ～で始まる設問では、「～」に入る文書だけを確認します。

What is suggested about the package that Starglass Mugs will send to Mr. Rivera?
(Starglass Mugs が Rivera さんに送る荷物についてどんなことが示唆されているか)

What item does the advertisement NOT mention will be on sale next weekend?
(来週末に特売になるものとして広告が言及していないものはどれか)

　さて、設問が難しいので皆さん驚いたかもしれませんが、安心してください。実際のテストで上のような難易度の高い設問が出現する数はごく限られています。以下のような短い設問も少なからず出てきます。

☐ What is indicated on the bill?
(請求書にはどんなことが示されているか)

☐ What is Ms. Gupta asked to do?
(Gupta さんはどうするよう求められているか)

☐ When can the coupon be used?
(割引券はいつ使うことができるか)

☐ Where does Ms. Norling work?
(Norling さんはどこで働いているか)

☐ Who most likely is Mr. Portman?
(Portman さんとはおそらく何者か)

この Who は「だれ」と名前を聞いているのではなく、「どういう人か」という意味です。職業や立場を尋ねる設問です。

☐ Who was surveyed?
(調査対象はだれか)

どうでしょうか。安心しましたか？ 実際には、この長い設問と短い設問の中間の長さのものも数多く登場します。ところで、読んでいて気づかれたかもしれませんが、設問には受動態が多用されます。慣れれば決して難しい文ではないので、慣れておきましょう。

次に、設問のタイプにはどんなものがあるかを見ていきます。設問は、あとで見る語彙問題を除き、すべて疑問詞で始まる疑問文になっています。使われる疑問詞で圧倒的に多いのは what で、次に why や who などが続きますが、そんなことは問題を解くうえではどうでもいいことですね。肝心なのは「何が問われているか」です。

ごく大雑把に言って、設問は「問題文全体について問う設問」と「ピンポイント情報について問う設問」、そして「NOT 問題」の3つに分かれます。

問題文全体について問う設問

問題文の内容をイメージしながら読むことの大切さは前のセクションでも説明しましたが、このタイプの設問は、そういうイメージができていれば確実に正解することができます。逆に、問題文を読まずに解こうとしても手がかりがなく、正解できるかどうかは純粋に確率の問題になってしまいます。

典型的な設問には以下のようなものがあります。

☐ What is the purpose of the article?
（この記事の目的は何か）

☐ What is the subject of the notice?
（この通知の主題は何か）

☐ Why was the letter written?
（なぜこの手紙は書かれたか）

以上は問題文の「目的」や「主題」を問う設問、また問題文が書かれた「理由」を問う設問ですから、問題文全体が読めていないと解けません。このタイプの問題では、選択肢の語句にとらわれずに、なぜ、どのような目的で書き手はその文書を書いたの

か、書き手はこの文書で何を伝えようとしているのかということを考えるのが大切です。問題文にある語句と同じ語句を使った選択肢は、多くの場合、引っかけ用の誤答です。

また、より具体的な事柄を問うているように見える以下のような設問も、問題文全体の内容を把握する必要があるという意味で、「全体について問う設問」ということができます。

- ☐ What do the instructions explain?
  （説明書は何を説明しているか）
- ☐ What type of business is Phoenix?
  （フェニックスは何の会社か）
- ☐ For whom is the Web page most likely intended?
  （だれに向けたウェブページか）
- ☐ What will be discussed during next week's meeting?
  （来週の会議で何が話し合われるか）
- ☐ What product is being reviewed?
  （どんな商品がレビューされているか）
- ☐ Where would the directory most likely appear?
  （この電話番号簿はどこに載っていると考えられるか）
- ☐ What is being described on the Web page?
  （ウェブページには何が書かれているか）
- ☐ What is being advertised?
  （何が宣伝されているか）
- ☐ Where would the article most likely appear?
  （この記事はどこに載る可能性が高いか）

ピンポイント情報について問う設問

問題文のある特定の部分を読めば正解が選べるタイプの設問、つまり情報を探し出す力を問う設問です。ただし、だからと言って問題文全体を読まなくてもいいということではありませんよ。設問と同じものを表す語句を問題文の中に見つけたら（まったく同じ語句の場合もあれば、別の語句に言い換えられている場合もあります）、その前後数行を含めてしっかり確認したうえで答えを選ぶことが大切です。

- [ ] What is indicated about the tour?
    （ツアーについて何が示されているか）
- [ ] What is suggested about Mr. Stevens?
    （Stevens さんについて何が示唆されているか）
- [ ] What is true about Hahn Financial?
    （Hahn Financial について正しいものはどれか）
- [ ] According to the memo, what will occur next month?
    （回覧によれば来月何が起きるか）
- [ ] At what time will the store close on Fridays during the winter?
    （冬期の間、金曜日には店は何時に閉まるか）

> このようなタイプの設問では、問題文の中に表や箇条書きの部分があって、そこから情報を読み取ることが求められることがあります。該当箇所さえ正しく見つけられれば正解を選ぶのは難しくありません。

- [ ] What will probably be discussed during the lecture?
    （講演ではおそらく何が議論されるか）
- [ ] What is available only in the Dublin store?
    （Dublin の店舗でしか入手できないものはどれか）
- [ ] What is offered to those who purchase a vase?
    （花瓶を買う人は何がもらえるか）
- [ ] When will selections be announced?
    （選考された人はいつ発表されるか）

☐ What is the deadline for materials to be submitted?
　（書類の提出期限はいつか）

☐ How often should the lens be replaced?
　（どのくらいの頻度でレンズは交換されるべきか）

☐ For how long has the magazine been published?
　（その雑誌はどのくらいの期間刊行されているか）

☐ Where will the sales meeting take place?
　（営業会議はどこで開かれるか）

NOT 問題

　設問に大文字の NOT が含まれるタイプの問題です。例えば、What information is NOT available on the Web site?（そのウェブサイトで入手できない情報はどれか）のような文で出題されます。普段の生活ではほとんど遭遇することのなさそうな不思議な疑問文ですね。

　この問題の場合、正解になる情報（つまり「ウェブサイトで入手できない情報」）は問題文の中には登場しません。登場するのは「ウェブサイトで入手できる情報」です。つまり問題文をいくら読んでも正解に相当する情報は出てこないわけです。Part 7 の問題には選択肢が四つずつありますから、このタイプの問題を解くときには誤答（この場合は「サイトで入手できる情報」）三つを問題文の中に探します。誤答三つがわかれば、残りが正解ですからね。

　このタイプの問題は、三つの選択肢を問題文の中の語句と一つひとつ照合しなければいけないので、必然的に時間がかかります。ただし、それを逆手に取ることもできます。一般的に選択肢には問題文よりも簡単な表現が使われているので、選択肢に先に目を通せば、問題文に関する三つの内容を素早く把握することができるのです。

　それでは NOT 問題の具体例をいくつか見ておきましょう。

☐ What is NOT a requirement of the position?
　（この職の応募要件でないものはどれか）

☐ What is NOT enclosed with the letter?
（手紙に同封されていないものはどれか）

☐ What is NOT advertised as a feature of the library?
（図書館の特徴として挙げられていないものはどれか）

☐ What is NOT indicated about the TK Bayside Hotel?
（TK Bayside ホテルについて示されていないものはどれか）

☐ What does Ms. Haverly NOT offer to provide?
（Haverly さんが提供を申し出ていないものはどれか）

☐ In what way are readers NOT instructed to respond?
（返答方法として読者が指示されていないものはどれか）

最後にその他のタイプの問題についても触れておきましょう。

> In the article, the word "good" in paragraph 2, line 1, is closest in meaning to
> （記事において、第 2 段落の 1 行目の単語 good に最も意味が近いのは）

「語彙問題」と呼ばれるタイプの問題で、選択肢には単語が四つ並んでいます。近い意味の単語を選ぶので類語の知識が必要であるように思えますが、実はそうとも限りません。このタイプの問題を解くときに最も重要なのは、その単語を含む文の内容をイメージし、文にあてはめたときに、その大意に一番近くなると思われる選択肢を選ぶこと。実際のところ、テストでは類義語が誤答選択肢として並んでいることも多く、よく文意を考えずに指定された単語の類義語を選ぶと間違いになりかねません。また、指定される語は一見やさしそうに見える多義語であることが多いので、Chapter 2 の「甘く見ると痛い目にあう語」で見たような一見簡単そうに見える語の意味を取り違えないように気をつけましょう。

> At 11:50, what does Mr. Chang mean when he writes, "I'll just hold off"?
> (11：50 に Chang さんが「私はやめておきます」と書いたとき、どんなことを言おうとしているか)

　これはオンラインチャットタイプの問題文で出題される設問で、ダブルクォーテーションの間には短い日常会話表現が入ります。見慣れない表現が登場することも考えられますが、前後の話の流れから文意が推測できる場合が多いので、メッセージのやりとりをしている人たちが置かれた状況を思い浮かべることを心がけましょう。

> In which of the positions marked [1], [2], [3] and [4] does the following sentence best belong?
> ([1]、[2]、[3]、[4] と記載された箇所のうち、次の文が入るのに最もふさわしいのはどれか)

　この設問のあとに、問題文に当てはめられるべき一つの文が示されます。このタイプの問題を解く場合にも、重要なのは前後関係を正しく捉えることです。特に Chapter 2 の「問題文の流れを示す時制と順序を示す語句」で見た前後関係や順序を表す表現は問題を解く大きなヒントになるので、この設問のある問題文では特に注意しながら読むようにしてください。

プラチナポイント

* 設問を正しく読むことは、問題を解くうえで絶対に欠かせない。
* 「問題文全体について問う設問」では、問題文についてイメージした内容を手がかりに解く。
* 「ピンポイント情報について問う設問」では、問題文の該当箇所へと素早く戻り、その周辺を確認したうえで正解を選ぶ。
* 「NOT 問題」では、選択肢を問題文読解のヒントにしよう。

❸ 言い換えを見抜く

> 問題文と設問について見たから、今度は問題を解くうえですごく大切な「言い換え」について見ていこう。

> 「言い換え」って何ですか？

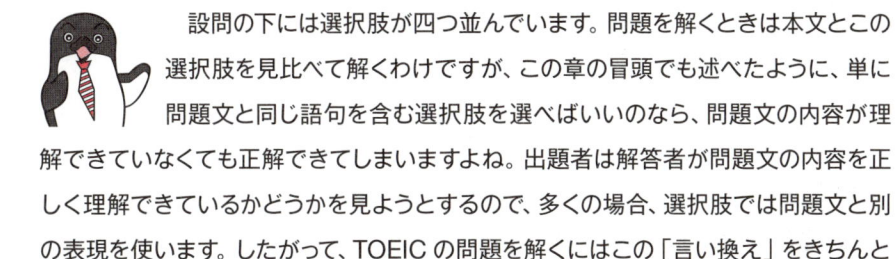

　　設問の下には選択肢が四つ並んでいます。問題を解くときは本文とこの選択肢を見比べて解くわけですが、この章の冒頭でも述べたように、単に問題文と同じ語句を含む選択肢を選べばいいのなら、問題文の内容が理解できていなくても正解できてしまいますよね。出題者は解答者が問題文の内容を正しく理解できているかどうかを見ようとするので、多くの場合、選択肢では問題文と別の表現を使います。したがって、TOEICの問題を解くにはこの「言い換え」をきちんと見抜けることも非常に大事になってくるのです。

　ここでは、TOEICにおいてどんなタイプの言い換えがなされているかを見ていきましょう。いろいろなタイプの言い換えがあるので不安になるかもしれませんが、同じ内容が別の語句で表現されているだけなので、英文の内容がイメージできていれば、きちんと正解を選ぶことができます。

　以下に挙げた言い換えの例を頭に入れておくだけでも、問題文を読んでいて「あ、ここは選択肢で言い換えられそうだな」と見当がつくようになりますよ。（なお、以下の分類は一つの目安として整理したもので、複数の分類にまたがる言い換えも出題されます。）

類義語

　真っ先に挙げられるのが、意味の近い語、つまり類義語による言い換えです。日本語でも、「価格」と「値段」、「要約」と「概要」など、多くの類義語が存在しますよね。TOEICでは、問題文で使われている語句の類義語が入った選択肢が正解になることがよくあります。厳密に同じ意味でなくても、その文脈に置いたときに同じものを指せば、それが正解になります。

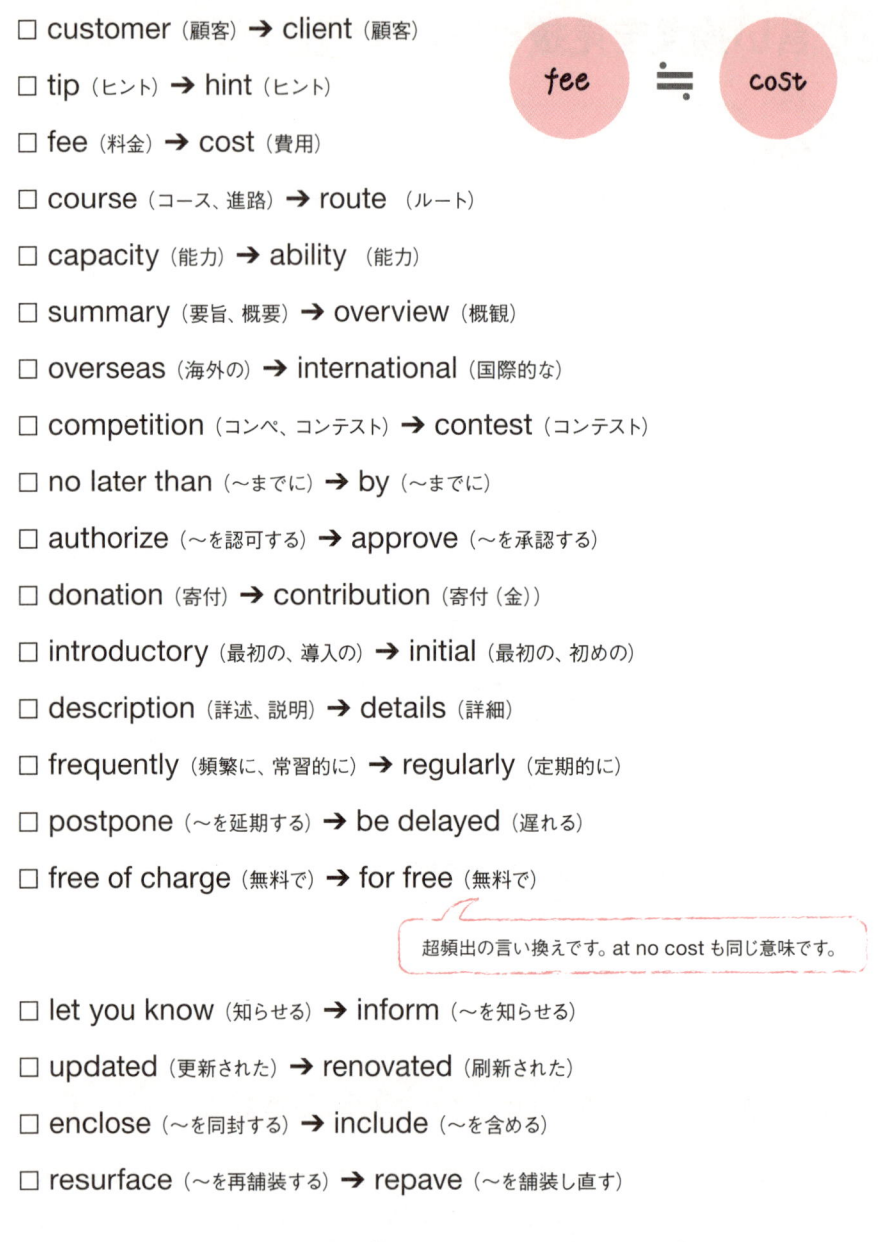

- ☐ customer（顧客）➔ client（顧客）
- ☐ tip（ヒント）➔ hint（ヒント）
- ☐ fee（料金）➔ cost（費用）
- ☐ course（コース、進路）➔ route（ルート）
- ☐ capacity（能力）➔ ability（能力）
- ☐ summary（要旨、概要）➔ overview（概観）
- ☐ overseas（海外の）➔ international（国際的な）
- ☐ competition（コンペ、コンテスト）➔ contest（コンテスト）
- ☐ no later than（〜までに）➔ by（〜までに）
- ☐ authorize（〜を認可する）➔ approve（〜を承認する）
- ☐ donation（寄付）➔ contribution（寄付（金））
- ☐ introductory（最初の、導入の）➔ initial（最初の、初めの）
- ☐ description（詳述、説明）➔ details（詳細）
- ☐ frequently（頻繁に、常習的に）➔ regularly（定期的に）
- ☐ postpone（〜を延期する）➔ be delayed（遅れる）
- ☐ free of charge（無料で）➔ for free（無料で）

> 超頻出の言い換えです。at no cost も同じ意味です。

- ☐ let you know（知らせる）➔ inform（〜を知らせる）
- ☐ updated（更新された）➔ renovated（刷新された）
- ☐ enclose（〜を同封する）➔ include（〜を含める）
- ☐ resurface（〜を再舗装する）➔ repave（〜を舗装し直す）

　どうですか？ Chapter 2 で見た単語やセンテンスで見かけた語句もありますね。しかし、言い換えの種類はまだまだあります。次は複数の語を使った言い換えを見てみましょう。

複数の語を使った言い換え

1語を複数の語句を使って説明する、あるいは逆に複数の語句を1語で言い換える、さらに複数の語句を複数の語句で言い換えるパターンも出題されます。

reschedule ➡ change the reservation date

- [ ] **reschedule**（スケジュールを変更する）
  - ➜ **change the reservation date**（予約日を変える）
- [ ] **spacious**（広々した）➜ **have storage capacity**（保管能力がある）
- [ ] **recommend**（〜を推薦する）
  - ➜ **speak highly of**（〜を称賛する、高く評価する）
- [ ] **via e-mail**（メールで）➜ **electronically**（電子的に、メールで）

> online（オンラインで）という表現にも言い換えられます。

- [ ] **by chance**（偶然に）➜ **at random**（無作為に）
- [ ] **be available for purchase**（購入可能だ）➜ **sell**（〜を売っている）
- [ ] **there is some flexibility**（いくらか融通性がある）
  - ➜ **negotiable**（交渉の余地がある）
- [ ] **meet colleagues**（同僚と［会って］知り合う）
  - ➜ **get to know coworkers**（同僚と知り合いになる）
- [ ] **exceptional food**（素晴らしい食べ物）
  - ➜ **delicious meals**（とてもおいしい食事）
- [ ] **schedule a conference call**（電話会議のスケジュールを決める）
  - ➜ **organize a telephone meeting**（電話会議の手配をする）

> conference call（電話会議）という表現を覚えておきましょう。

- [ ] **call attention to a few alterations**（いくつかの変更に注意を喚起する）
  - ➜ **notify of changes**（変更を知らせる）
- [ ] **overlook the ocean**（海を見下ろす）

➔ have a view of the ocean （海が見渡せる）

☐ our international viewership （国際的な視聴者層）
　➔ be watched around the world （世界中で見られている）

> dealership（代理店、ディーラー）、readership（読者）などの単語も覚えておきましょう。

☐ opened two months ago （2か月前にオープンした）
　➔ have been open for a couple of months （2か月営業している）

> 時制の使いかたにも注目しましょう。

☐ have its 10th anniversary （10周年を迎える）
　➔ be in operation for 10 years （10年間営業している）

☐ 17 and up （17歳およびそれ以上）➔ at least 17 years old （少なくとも17歳）

☐ expand its presence in the UK （英国内でのプレゼンスを拡大する）
　➔ increase its business in the UK （英国内でのビジネスを拡大する）

☐ away from the corporate office （会社のオフィスから離れたところで）
　➔ at an off-site location （社外の場所で）

☐ hand-painted （手描きの）➔ painted by hand （手で描かれた）

> 最後の二つはChapter 2で見たハイフンつきの複合語を使った言い換えです。

難易度の違う語句による言い換え

　問題文で使われた語句を、それよりも難しい語句、あるいはやさしい語句で言い換えるパターンもよく出題されます。どちらも出題されますが、ここではやさしい語句 ➔ 難しい語句の順で提示します。

famous ≒ renowned

☐ number （数）➔ quantity （数量）

☐ book （本）➔ publication （出版物）

☐ talk （話）➔ discussion （議論）

- ☐ leave（〜を去る）➔ vacate（〜を立ち退く）

> relocate（移転する）が使われることもあります。
> moving（引っ越し）の文脈などでよく使われます。

- ☐ famous（有名な）➔ renowned（高名な）
- ☐ shop（買い物をする）➔ purchase（〜を購入する）
- ☐ repair（〜を修理する）➔ overhaul（〜を分解修理する）
- ☐ around the world（世界中で）➔ internationally（国際的に）
- ☐ free shipping（無料の配送）➔ complimentary shipping（無料の配送）
- ☐ make changes（変更する）➔ revise（〜を変更する、修正する）
- ☐ back of the page（ページの裏側）➔ reverse side（裏側）
- ☐ washing machine（洗濯機）➔ laundry appliance（洗濯器具）
- ☐ experienced teacher（経験のある教師）
  ➔ seasoned instructor（熟練した指導者）
- ☐ highly regarded in the field（その分野で高く評価されている）
  ➔ acclaimed（高く評価されている、称賛されている）
- ☐ have unusual characteristics（珍しい特徴を持っている）
  ➔ be intriguing（面白い、興味をそそる）
- ☐ walking path（歩道）➔ trail（小道）
- ☐ discount coupon（割引クーポン）➔ discount certificate（割引券）
- ☐ signed book（サイン本）➔ autographed copy（サイン本）
- ☐ fee will be applied for late payment（支払いの遅れに対して料金が科される）
  ➔ incur a late fee（遅延料が発生する）
- ☐ be close to a shopping mall（ショッピングモールに近い）➔ have a shopping mall located nearby（ショッピングモールが近くにある）

カテゴリーの単純化

問題文中で書かれていたことを選択肢で単純な表現で言い換えるパターンです。細かい情報を捨ててシンプルに言い直す感じです。

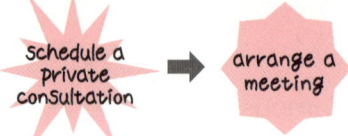

schedule a private consultation ➡ arrange a meeting

- [ ] contain too much sugar（砂糖が入り過ぎている）➡ be too sweet（甘過ぎる）

- [ ] experience in a similar role（似たような職の経験）➡ previous experience（以前の経験）

- [ ] schedule a private consultation（個別相談のスケジュールを決める）
  ➡ arrange a meeting（会う手配をする）

- [ ] return the form in the envelope provided（用紙を返信用封筒に入れて返送する）➡ mail a document（書類を郵送する）

- [ ] show clients how the product works（製品がどのように動くか客に見せる）
  ➡ give a demonstration（実演する）

- [ ] have served a number of fashionable clothing stores（多くの人気衣料品店で働いてきた）➡ have worked with retail stores（小売店で働いてきた）

- [ ] have an established customer base here in town（町に確立した顧客層を持つ）➡ serve many local customers（多くの地元の顧客を相手にビジネスする）

- [ ] the journalist's recounting of his personal experience（ジャーナリストによる個人的な体験談）➡ a personal story（個人的な話）

- [ ] address customers' needs quickly, kindly, and professionally（顧客のニーズに迅速、親切、かつプロとして対応する）➡ satisfy customers（顧客を満足させる）

- [ ] launch business activities in Southeast Asia through our soon-to-open Bangkok office（間もなくオープンするバンコク支社を起点に東南アジアでの事業を開始する）➡ open a new office（新しいオフィスをオープンする）

- ☐ need to know the exact amount that your department spent（あなたの部署がいくら使ったか正確な金額を知る必要がある）→ request information about expenses（出費に関する情報を求める）

- ☐ various software applications that allow users to create professional, persuasive sales presentations（ユーザーにプロフェッショナルな説得力あるセールスプレゼンテーションを行うことを可能にするさまざまなソフト）
  → presentation tools（プレゼンテーションのツール）

- ☐ will send a coupon for 10 percent off the price of your next purchase（次回の買い物で使える10パーセント引きのクーポン券を送る）→ discount on a future purchase（今後の買い物で割引をする）

一般化

単純化と似ていますが、一般化はより包括的な概念で言い換えるパターンです。え？ 難しいですって？ そうですね。例えば、「犬や猫」を「動物」と言い換えるということです。

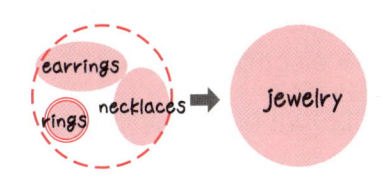

- ☐ climbing shoes and boots（登山用の靴やブーツ）→ footwear（履物）

- ☐ retrospective（回顧展）→ exhibition（展覧会）

- ☐ daily breakfast（日々の朝食）→ meals（食事）

- ☐ for decades（何十年もの間）→ for many years（長年）

- ☐ vice president（副社長）→ executive（重役）

> これも超頻出の言い換えです。

- ☐ rings, necklaces, and earrings（指輪、ネックレス、イヤリング）
  → jewelry（宝石類）

- ☐ professor（教授）→ university employee（大学の従業員）

- ☐ nature preserve（自然保護地区）→ park（公園）

- ☐ video footage of the lion in the wild（野生のライオンのビデオ映像）
    → videos of wildlife（野生動物のビデオ）
- ☐ next purchase（次回の買い物）→ future purchase（将来の買い物）
- ☐ live music from 7:00 P.M. to 9:00 P.M.（午後7時から9時の生演奏）
    → evening entertainment（夜のショー）
- ☐ taxi and restaurant receipts（タクシーやレストランのレシート）
    → records（記録）
- ☐ restaurant（レストラン）→ dining facility（食事の施設）
- ☐ hotel（ホテル）→ place to stay（滞在する場所）
- ☐ same-day dry cleaning（即日クリーニング）
    → laundry service（クリーニングサービス）
- ☐ camera, television, DVD player（カメラ、テレビ、DVDプレーヤー）
    → electronics（電子機器）
- ☐ throughout Europe and parts of Africa and Asia（ヨーロッパ中とアフリカ、アジアの一部）→ many parts of the world（世界の多くの地域）

なお、数は少ないですが「一般化」の反対の「具体化」が行われることもあります。例えば、surfing gear and equipment（サーフィン用品）→ surfboards（サーフボード）、hospital staff（病院のスタッフ）→ nurses（看護師）といった具合です。

品詞転換

言い換えの中には、異なる品詞を使ったものもあります。派生関係にある語を使う場合も、まったく別の語句を使う場合もあります。

more secure ➡ increased security

- ☐ more secure（より安全な）→ increased security（高められた安全性）
- ☐ be a native of Italy（イタリア生まれである）
    → be born in Italy（イタリアで生まれた）

- ☐ the section will open to the public（その部門が一般に公開される）
    - → the opening of a new section（新しい部門のオープン）
- ☐ the host of his own TV show（テレビ番組の司会）
    - → works on a TV program（テレビ番組の仕事をする）
- ☐ be authorized by the Board of Directors（役員会で承認される）
    - → have authorization from the Board of Directors（役員会の承認を得る）

態の変換

「〜を発売する」を「〜が導入される」と言い換えるように、能動態と受動態を入れ替えた言い換えも使われます。

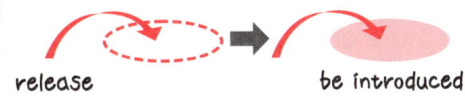

release → be introduced

- ☐ release（〜を発売する）→ be introduced（導入される）
- ☐ updated the invoice（請求書を更新した）
    - → an invoice has been modified（請求書が変更された）
- ☐ avoid spending more money than necessary（必要以上にお金を使うのを避ける）→ limit the amount of money spent（使う金額を制限する）
- ☐ the public will vote on their favorite poster（一般の人々が一番気に入ったポスターに投票する）→ winners will be selected by the public（入賞者は一般の人々によって選ばれる）
- ☐ each entry must include a title（それぞれの応募作品はタイトルを含んでいなければならない）→ the title of the photo must be provided（写真のタイトルが提供される必要がある）
- ☐ we will keep your information confidential（当社は個人情報を秘密にします）→ customer information will be kept private（顧客情報は秘密にされる）

反意表現を使った言い換え

「高い」は「安くない」。反対語を否定すると同じ意味になりますね。このような発想の言い換えが出題されることもあります。

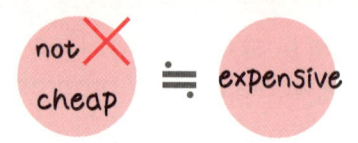

not cheap ≒ expensive

- [ ] not moisten（～を湿らせない）➡ keep dry（～を乾燥させておく）
- [ ] always received shipments in perfect condition（いつも完全な状態で発送品を受け取った）➡ never received damaged goods（損傷した商品を受け取ったことがない）
- [ ] more energy-efficient（エネルギー効率のよりよい）
    ➡ reduced energy consumption（エネルギー消費の少ない）
- [ ] facilities owned by other companies（他の会社によって所有される施設）
    ➡ a building that is not owned by the company（その会社によって所有されていない建物）
- [ ] unable to keep your appointment（会う約束を守れない）
    ➡ need to cancel an appointment（会う約束をキャンセルしなければならない）

節と句

節から句、句から節への言い換えもあります。例えば「記録的な売上だった」は「最も売上がよかった」と言い換えられますね。

record sales ➡ the sales were highest

- [ ] food shops（食品店）➡ stores that sell food（食べ物を売る店）
- [ ] the most popular sunglasses（最も人気のあるサングラス）➡ the sunglasses that are sold the most（最もよく売れているサングラス）
- [ ] last year's record sales（去年の記録的な売上）
    ➡ the sales were highest last year（去年売上が最も高かった）
- [ ] earlier than they had planned（計画していたよりも早く）

- ➜ ahead of schedule（予定よりも早く）

☐ no entrance fee is charged（入場料は課されない）
- ➜ free admission（入場無料）

☐ headquarters in Melbourne（メルボルンにある本社）
- ➜ be based in Melbourne（メルボルンに本拠地を置く）

☐ unlike all of our competitors（あらゆる競合他社と異なり）
- ➜ other companies do not offer（他の会社は提供していない）

推論・論理的帰結

　問題文に明示されていなくてもそこに書かれていることから推測される事柄が、選択肢に挙げられている場合もあります。例えば問題文に「部屋のバルコニーからの景色」とあれば、「その部屋にはバルコニーがある」と考えられますよね。これは「言い換え」というよりも「推論」と呼ぶべきものですが、この推論に基づいて正解を選ぶ問題が出題されることもあります。

> views from the room's balcony ... ➜ the room has a balcony

☐ views from the room's balcony（部屋のバルコニーからの景色）
- ➜ the room has a balcony（その部屋にはバルコニーがある）

☐ go to our Web site（弊社のウェブサイトに行く）
- ➜ we have a Web site（弊社はウェブサイトを持っている）

☐ CEO（CEO）
- ➜ have experience running a business（会社経営の経験がある）

☐ as a regular customer（お得意さまとして）
- ➜ have previously purchased items（かつて商品を購入したことがある）

☐ finished the first of your required courses（必修コースの最初のものを終えた）➜ must take more courses（さらにコースを取る必要がある）

- ☐ Would you like to feel healthy again?（もう一度元気になりたくありませんか）
  - ➔ unhealthy（不健康な）
- ☐ insufficient sound insulation（不十分な防音）
  - ➔ be not quiet enough（十分静かでない）
- ☐ have been his employee（彼の従業員だった）
  - ➔ worked with him（彼と働いた）
- ☐ in July（7月に） ➔ after June 30（6月30日よりもあとに）
- ☐ ask any of our 100 employees（わが社の100人いるどの従業員にでも質問する）
  - ➔ a business with 100 employees（100人いる会社）

> **プラチナポイント**
>
> TOEICでは多くの場合、問題文の中の語句が選択肢で別の語句に言い換えられている。上記のいろいろなタイプの言い換えに慣れておき、内容をイメージしながら問題文を読んで適切な選択肢を選べるようになろう。

❹ HUMMER 式解答手順で無駄なく解答

> これで「問題を解くときのポイントを知る」の章も最後だよ。最後にとっておきの方法を教えてあげよう。

> とっておきですか？ やった！

　これまでも何度も言ってきましたが、TOEIC は時間との勝負です。Part 7 に限って言えば、高得点を狙う人は 1 問につき平均 1 分で解くことを目標にしなければなりません。例えば一つの問題文に三つの設問がついているセットなら、3 分で解くということです。（もちろんもっと短い時間で解けるセットもあれば、もっと時間がかかってしまうセットもあります。1 問 1 分というのは Part 7 全体で平均したときの目標タイムです。）

　ただし、いきなりそのスピードで解くのが難しい人は、最初からその目標タイムにこだわる必要はありません。まずは自分にできるペースで内容をきちんと理解しながら読めるようになること。そこからセンテンスタイプや語彙の勉強を繰り返して、少しずつペースを上げていきましょう。時間を節約するために、英文を読むことから逃げてはいけません。

　それにしても、高得点をとる人でも TOEIC の Part 7 の問題をテンポよく解くのは大変です。そこで、ここでは、Chapter 1 で取り上げた E メールの問題文を例に、効率よく問題を解く「HUMMER 式解答手順」をご紹介しましょう。必ずこの手順で解かなければいけないというわけではありませんが、多くの高得点取得者が取り入れている、お薦めの解答手順です！

Questions 1-3 refer to the following e-mail.

From:	Alfred Chapman <al.chapman@bluelakeglassware.net>
To:	Neil McKay <mckay875@zipemail.com>
Date:	April 14
Subject:	Order #TK-9849

Dear Mr. McKay:

First, please allow me to apologize for the slight delay in responding to the e-mail you sent yesterday morning. Second, I am sorry to hear that your Twisted Block Glass Vase, which you ordered on April 3, was cracked upon arrival. As you know, glass is quite fragile, and unfortunately products can break during delivery sometimes.

We will be happy to send you a replacement for the broken vase. However, first I would need you to return the cracked vase that you received. Please use the prepaid mailing slip inside of the package we sent you. Upon receiving the vase, we will immediately ship you a replacement.

Please note that to process a return we will need to receive the package by May 3 at the latest. Thank you for your understanding in this matter.

Sincerely,

Alfred Chapman
Customer Manager
Blue Lake Glassware

①
1. What is NOT suggested about Blue Lake Glassware? →②

② (A) Its employees usually respond to e-mails promptly.
    (B) Its deliveries are rarely damaged.【正解】
    (C) It processes exchanges for unsatisfied customers.
    (D) It includes shipping forms in packages sent to customers. →③

④
2. When did Mr. McKay report the issue with his order? →⑤

⑦ (A) On April 3
    (B) On April 13【正解】→⑧
    (C) On April 14
    (D) On May 3

⑧
3. What is Mr. Chapman's proposed solution to the problem? →⑨

⑩ (A) Issuing a full refund
    (B) Choosing a more durable item
    (C) Contacting the delivery company
    (D) Sending a replacement vase【正解】→ タスク終了

■ **HUMMER 式解答手順**

　上の問題に付けた矢印は、①から読み始めて②まで来たら、次は②から始まっているところを③まで読み、そして次は③から始まっているところから…というように、問題文と設問・選択肢を読み進めていくことを示しています。

① まずは最初の設問だけを読み、内容を頭の中で要約してリテンション（記憶保持）しておきます。英語のまま覚えておくことができる人は英語のままで、それが難しいようなら日本語で大丈夫です。この問題なら「Blue Lake Glassware について書かれていないことは何?」のような感じで覚えておけばよいでしょう。

② 本問のような「NOT 問題」を解答する場合は、設問を読んだあとは選択肢へと進みます（NOT 問題以外の問題を解く場合には、設問を読んだあとは問題文へと進むようにしてください）。

③ 問題文を頭から読んでいくと (A) (C) (D) の順に選択肢の内容と一致することが登場していきます。この時点で（問題文に内容が登場せずに）残った (B) を正解としてマークし、設問 2 へと進みます。

④ 設問を「いつ McKay さんは問題を報告した？」のように要約して保持すればよいでしょう。

⑤ 問題文のすでに読み終えた部分に（最初の段落の 1 〜 2 行目）この問題の正解の根拠となる部分があったことに気づいたでしょうか。一度読んだ部分の内容は覚えてしまうくらいのつもりで読み進めるようにしてください。そうすれば本問のような問題に出会ったときに、瞬時に「すでに読み終えている」正解の根拠の書かれている部分へと戻ることができます。効率的に問題を解けるようになるためにも、是非チャレンジしてみてくださいね。

⑥ ⑤で yesterday と書かれていましたね。ということは送信日の前日が正解になるはずです。E メール上部にある「日付」の書かれているところにすぐに戻ってください。

⑦ 正解は送信日（April 14）の前日である April 13、つまり (B) となります。

⑧ 設問を「Chapman さんはどうやってこの問題を解決したい？」のように要約リテンションしましょう。問題文へと戻ります。

⑨ 第 2 段落の 4 〜 5 行目に Upon receiving the vase, we will immediately ship you a replacement. と書かれていたことを思い出せたでしょうか。「花瓶が届き次第代替品を送る」ことを確認し、設問 3 へと進みます。

⑩ ⑨の英文の内容を簡単にまとめて言い表している (D) が正解となり、このセットのタスクは終了です。

Chapter 4
練習問題を解いてみる

　Chapter 1では問題文のタイプ、Chapter 2では問題文の読みかた、そしてChapter 3では設問のタイプと解きかたについて見てきました。この章では、Chapter 1の問題文に対してどんな設問が出題されるか、そしてその設問をどう解いていったらいいかを具体的に見ていきましょう。

1 メール・手紙 (e-mail, letter)

Questions 1-3 refer to the following e-mail.

From:	Alfred Chapman <al.chapman@bluelakeglassware.net>
To:	Neil McKay <mckay875@zipemail.com>
Date:	April 14
Subject:	Order #TK-9849

Dear Mr. McKay,

First, please allow me to apologize for the slight delay in responding to the e-mail you sent yesterday morning. Second, I am sorry to hear that your Twisted Block Glass Vase, which you ordered on April 3, was cracked upon arrival. As you know, glass is quite fragile, and unfortunately products can break during delivery sometimes.

We will be happy to send you a replacement for the broken vase. However, first I would need you to return the cracked vase that you received. Please use the prepaid mailing slip inside of the package we sent you. Upon receiving the vase, we will immediately ship you a replacement.

Please note that to process a return we will need to receive the package by May 3 at the latest. Thank you for your understanding in this matter.

Sincerely,

Alfred Chapman
Customer Manager
Blue Lake Glassware

1. What is Mr. Chapman's proposed solution to the problem?

　(A) Issuing a full refund
　(B) Choosing a more durable item
　(C) Contacting the delivery company
　(D) Sending a replacement vase

2. When did Mr. McKay report the issue with his order?

　(A) On April 3
　(B) On April 13
　(C) On April 14
　(D) On May 3

3. What is NOT suggested about Blue Lake Glassware?

　(A) Its employees usually respond to e-mails promptly.
　(B) Its deliveries are rarely damaged.
　(C) It processes exchanges for unsatisfied customers.
　(D) It includes shipping forms in packages sent to customers.

❶ メール・手紙 (e-mail, letter)

> 問題文全訳

問題 1-3 は次の E メールに関するものです。

差出人： Alfred Chapman <al.chapman@bluelakeglassware.net>
あて先： Neil McKay <mckay875@zipemail.com>
日付： 4 月 14 日
件名： 注文番号 #TK-9849

McKay 様

①最初に、お客さまが昨日の午前中にお送りくださったメールへのお返事がやや遅くなりましたことをお詫び申し上げます。次に、4 月 3 日にご注文いただきました Twisted Block Glass Vase が到着時に破損していたとのこと、申し訳なく思っております。②ご存じのとおり、ガラスはたいへん壊れやすく、時に運悪く、配送中に割れてしまうことがございます。

③割れた花瓶の交換品をお送りいたしますが、まずはお受け取りになられました割れた花瓶をご返送いただく必要がございます。④小包の中に同封しました前払いの発送伝票をお使いください。花瓶を受け取り次第、弊社よりすぐに交換品を発送いたします。

返品処理を行うためには、遅くとも 5 月 3 日までに小包が弊社に届く必要がございますのでご注意ください。この件についてご理解のほど、よろしくお願い申し上げます。

敬具

Blue Lake Glassware
顧客担当責任者
Alfred Chapman

メール第 1 文の allow me to apologize、第 2 文の I am sorry to hear ～から、謝罪のメールであることを押さえましょう。第 2 段落では解決策を提示し、第 3 段落でその際の注意事項を述べています。

設問の訳と解きかた

1. Chapman さんがこの問題に対して提案している解決策はどれか。

(A) 全額返金すること
(B) 耐久性のより高い製品を選ぶこと
(C) 配送会社に連絡をとること
正解 (D) 交換品の花瓶を送ること

設問の solution には「(問題の) 解決」という抽象的な意味もありますが、TOEIC では多くの場合具体的な「解決策」という意味で使われます。メールの③で「割れた花瓶の交換品をお送りいたします」と述べているので、(D) が正解です。replacement にも「交換」のほかに、「交換品」という意味があり、ここではその意味で使われています。We will be happy to do 〜. (喜んで〜します) はビジネス文書でもよく使われる表現なので覚えておきましょう。

2. McKay さんが注文に関する問題を報告したのはいつか。

(A) 4月3日
正解 (B) 4月13日
(C) 4月14日
(D) 5月3日

メールの日付を見ると4月14日とあり、①で「昨日の午前中にお送りくださったメール (e-mail you sent yesterday morning)」と書かれているので、問題を報告するメールは4月13日に送られたことがわかります。一度読んだ部分は「どこに何が書かれていたか」を記憶するつもりで読む事が大切です。

3. Blue Lake Glassware について示唆されていないものはどれか。

(A) 同社の従業員は普段、メールに即座に返信する。
正解 (B) 配送品が破損することはめったにない。
(C) 同社は不満のある顧客には交換対応をしている。
(D) 同社は顧客宛ての小包に発送伝票を同封している。

NOT 問題です。選択肢とパッセージを一つひとつ照合していきましょう。①で前日に受け取ったメールへの返信が遅れたと詫びていることから、普段はさらに迅速に返信していると考えられるので、(A) は正解の候補から外れます。(B) については、②で、商品は「時に (sometimes)」破損することがあると説明されているので、rarely という表現は不適切で、これが正解です。(C) は③から事実であることがわかります。send a replacement (交換品を送る) が process exchange (交換対応をする) と言い換えられていますね。また、(D) は④の prepaid mailing slip inside of the package から事実だと判断できます。

2 記事・報告 (article, report)

Questions 4-7 refer to the following article.

Villa Lobos Station to Close Temporarily
by Dennis Gerard

April 21—According to an announcement by the San Javier Department of Transportation (SJDT), Villa Lobos Station will be closed for construction from June 25 through mid-July. During this time, no train lines will be able to pass through the station. Already, a number of citizens have submitted complaints regarding the closure, as it will greatly affect workers commuting from nearby towns.

The primary purpose of this project is to improve Villa Lobos' ability to handle the increasing number of people using the city's train lines each year. Aside from the completion of two new train platforms, electronic ticketing machines will also be installed, along with energy-efficient lighting and refurbished restrooms. City representatives say the project should be completed by July 14, but it could continue well into August.

4. What is indicated about Villa Lobos train station?

　　(A) It is in need of major repairs.
　　(B) It is used by people living outside the city center.
　　(C) It has advanced ticketing machines.
　　(D) It will be closed until July 14 at the latest.

5. Who is overseeing this construction project?

　　(A) Villa Lobos train conductors
　　(B) Residents of nearby towns
　　(C) Local government employees
　　(D) Foreign building companies

6. What changes will NOT be made to Villa Lobos Station?

　　(A) Repairs to old railways
　　(B) Improvements to bathrooms
　　(C) Lighting that saves electricity
　　(D) Opening of new platforms

7. The word "handle" in paragraph 2, line 2, is closest in meaning to

　　(A) serve
　　(B) measure
　　(C) limit
　　(D) stop

❷ 記事・報告 (article, report)

問題文全訳

問題 4-7 は次の記事に関するものです。

Villa Lobos 駅、一時閉鎖

Dennis Gerard

4月21日—②サン・ハビエル運輸局（SJDT）の発表によると、Villa Lobos 駅は6月25日から7月中旬まで、工事のため閉鎖となる。この期間中、どの路線も同駅を通過することができない。①近隣の町からの通勤客に大きな影響が出るため、すでに、多くの市民が閉鎖について苦情を申し立てている。

今回の計画の主な目的は、市の鉄道の年間利用客数の増加に対応するための Villa Lobos 駅の能力を向上することだ。⑤新たに二つのプラットフォームを設けるだけでなく、電子改札機も導入され、④照明の省エネルギー化とトイレの改装も実施される。③市の担当者は、この計画は7月14日までに完了する予定だが、8月に入っても継続する可能性があると話している。

タイトルから、駅の一時的な閉鎖を伝える記事であることがわかります。タイトルに to 不定詞が使われているということは……。そうです！ これから起こる出来事に関する記事ですね。（忘れてしまった人は 103 ページに戻ってみてください。）動詞の時制にも気をつけて読みましょう。

設問の訳と解きかた

4. Villa Lobos 駅について何が示されているか。

(A) 大規模な修繕が必要だ。

正解 (B) 市街地の外に住んでいる人々に利用されている。

(C) 最新型の改札機がある。

(D) 最長で7月14日まで閉鎖される。

問題文の①で、it (=the closure) will greatly affect workers commuting from nearby towns と述べられているため、それを言い換えた (B) が正解です。(A) の repair は壊れたものに関して使う語です。

5. この建設計画を統括しているのはだれか。

(A) Villa Lobos 駅の車掌
(B) 近隣の町の住民
正解 **(C) 地元の自治体の職員**
(D) 外国の建設会社

疑問詞で始まるピンポイント問題。oversee は「〜を監視する、監督する」という意味の動詞です。発表を行った②の San Javier Department of Transportation が計画を統括していると考えられますが、これだけだと答えに自信が持てないかもしれません。③に City representatives say the project should be completed by July 14, ... とあり、これが決め手になります。正解は City representatives を Local government employees と言い換えた (C) です。representative には「代表者」という意味もありますが、TOEIC では「担当者」と訳すとピッタリの文脈でよく使われます。

6. Villa Lobos 駅に施されない変化はどれか。

正解 **(A) 古い線路の修繕**
(B) トイレの改良
(C) 電力消費を抑える照明
(D) 新しいプラットフォームの開設

NOT 問題です。選択肢とパッセージを照合しながら読むと、(B) と (C) には、④の refurbished restrooms（トイレの改装）と energy-efficient lighting（省エネルギー型の照明）がそれぞれ対応し、(D) には⑤ the completion of two new train platforms（新たな二つのプラットフォームの完成）が対応します。駅の改良のニュースなので、古い線路の修繕の話も出てきそうですが、問題文に old railways の話はありません。

7. 第 2 段落 2 行目の単語 handle に意味が一番近いのは

正解 **(A) 扱う**
(B) 測定する
(C) 制限する
(D) 止める

類義語問題。handle の代わりに選択肢を一つひとつ当てはめてみて、意味の通るものを選びます。ここでは「扱う」の意味を持つ serve が正解です。serve は「（飲食物を）出す」という意味で使われることが多いですが、「〜を扱う、〜（の必要）にかなう」という意味も覚えておいてください。TOEIC では文脈を重視して解答するようにしましょう。

③ 広告 (advertisement)

Questions 8-10 refer to the following advertisement.

Operations Manager Wanted

Our catering and event planning company is currently seeking a reliable professional to lead multiple teams and projects across San Diego County. Aside from communicating closely with clients, the operations manager must also direct employees at events such as weddings, funerals, private parties, and business gatherings.

To qualify for an interview, a candidate must have 6-8 years of related work experience, including at least 3 years of experience in a management role. In addition, the position requires basic computer proficiency, a clean California driver's record, and a high school diploma. A bilingual speaker of both English and Spanish is preferred, though non-bilingual applicants will also be considered.

This position demands roughly 40 hours of work per week. Schedules will change frequently based on the current lineup of events being held. While the position does include two days off per week, we cannot guarantee that these days will be consecutive or on weekends.

Qualified applicants can apply by sending an e-mail to Joe Fergusson at joe@sdevent21.com. The e-mail should include a résumé as an attachment and a minimum of two professional references.

8. Who is the Operations Manager likely to communicate with regularly?

  (A) Computer engineers
  (B) High school teachers
  (C) Wedding coordinators
  (D) Private investors

9. What is NOT a requirement of the position?

  (A) The ability to drive a car
  (B) Over 5 years of previous work experience
  (C) Spanish speaking ability
  (D) The ability to work on weekends

10. What is true about the work schedule?

  (A) It is the same every week.
  (B) At least one day off will be on the weekend.
  (C) It requires five days of work per week.
  (D) It is 40 hours per week exactly.

❸ 広告 (advertisement)

> 問題文全訳

問題 8-10 は次の広告に関するものです。

業務管理者募集

ケータリングとイベントプランニングを行っている当社では現在、サンディエゴ郡全域で複数のチームとプロジェクトを指揮する信頼できるプロフェッショナルを探しています。顧客との緊密なやりとりのほか、業務管理者は、結婚式や葬儀、個人パーティー、ビジネスの会合などのイベントで従業員に指示も与えなければなりません。

面接を受ける資格として、②候補者には、関連職種における業務経験が、最低 3 年の管理職経験を含めて 6 〜 8 年必要です。①さらに、基本的なコンピュータ操作能力、California 州の無事故無違反の運転記録証明書、高校の卒業証書が必要です。④英語とスペイン語の 2 か国語を話せることが望ましいですが、バイリンガルでない応募者も採用を検討します。

このポジションの労働時間は週約 40 時間です。仕事のスケジュールは開催される一連のイベントに応じて頻繁に変更されます。③このポジションは週休 2 日ではあるものの、休みが連続する、または週末に休める保証はできません。

資格のある応募者は、Joe Fergusson（アドレス joe@sdevent21.com）あてにメールで応募できます。メールには履歴書を添付し、職業に従事している人の照会先を最低 2 件添えてください。

タイトルの wanted から求人広告であることがわかります。第 1 段落は広告の概要、第 2 段落は応募要件、第 3 段落は業務内容（スケジュール）、そして最終段落では応募するためにするべきことが書かれています。

設問の訳と解きかた

8. 業務管理責任者は日常的にだれとコミュニケーションをとる可能性があるか。
  (A) コンピュータ技術者
  (B) 高校教師
  正解 **(C) ウェディングコーディネーター**
  (D) 個人投資家

第1段落冒頭に「ケータリングとイベントプランニングを行っている当社」とあり、広告主がどういう職種の会社であるかがわかります。同じ段落の第2文でやりとりの相手は clients（顧客）と書かれているだけですが、そのあとで events such as weddings, funerals, private parties, and business gatherings で従業員に指示を出す必要があると述べられていることから、(C) が正解であると判断できます。

9. このポジションに必要とされないものはどれか。
  (A) 車を運転する能力
  (B) 5年以上の業務経験
  正解 **(C) スペイン語を話す能力**
  (D) 週末に働くことができること

NOT問題です。(A) には応募要件の書かれた第2段落①の a clean California driver's record が、(B) には ② の 6-8 years of related work experience, including at least 3 years of experience in a management role がそれぞれ対応します。また (D) は、③ で we cannot guarantee that these days will be ... on weekends と述べられていることから、必要とされる条件だと判断できます。(C) は、④で英語とスペイン語のバイリンガルスピーカーが望ましいが、non-bilingual applicants will also be considered とあるので、このポジションには必須でないことがわかります。

10. 仕事のスケジュールについて正しいものはどれか。
  (A) 毎週同じである。
  (B) 週末に1日は休みがある。
  正解 **(C) 週に5日働かなければならない。**
  (D) 週の労働時間はきっかり40時間だ。

③に、the position does include two days off per week とあります。これを、逆に、勤務日数という点から requires five days of work per week（週5日の勤務が求められる）と言い換えた (C) が正解です。day off （休日、非番の日）はビジネスの場面の頻出表現です。簡単な単語なので読み飛ばしがちですが、きちんと意味を取りながら読みましょう。

4 お知らせ・案内 (information, notice など)

Questions 11-12 refer to the following notice.

Black Flats County Zoo Regulations

- Visitors must not disturb the animals in any way. This includes attempts to pet, feed, and harm exhibit animals.

- Visitors must not attempt to cross safety barriers. This includes fences, moats, walls, and animal enclosures.

- Visitors must not play loud music or make any other unreasonably loud noises, as doing so can disturb both the animals and other visitors.

- Smoking is not allowed anywhere on the park grounds. This includes smoke-free, electronic cigarettes.

- Balloons are not allowed anywhere on the park grounds, as there is a risk of animals choking on them.

Please keep in mind that these rules are in place for the safety of both visitors and animals. Visitors found breaking any of the above rules may be asked to leave by a Park Safety Manager.

11. What is NOT listed as inappropriate behavior for visitors?

    (A) Climbing over fences
    (B) Giving snacks to animals
    (C) The use of headphones for music
    (D) The use of tobacco

12. According to the notice, what might a Park Safety Manager do?

    (A) Feed the exhibit animals
    (B) Pass out fliers for upcoming events
    (C) Keep the paths neat and clean
    (D) Respond to security threats

④ お知らせ・案内 (information, notice など)

> 問題文全訳

問題 11-12 は次の掲示に関するものです。

Black Flats County 動物園の規則

- ②来園者は絶対に動物の迷惑になる行為をしないでください。これには、公開されている動物をなでること、エサを与えること、危害を加えることを含みます。
- ①来園者は防護壁を越えようとしてはいけません。これには、フェンス、堀、壁、動物が入っている柵を含みます。
- 来園者は大音量で音楽を流したり、または、むやみに大きな音を立てたりしないでください。そのような行為は、動物にも他の来場者にも迷惑になります。
- ③喫煙は園内全域において禁じられています。無煙タバコ、電子タバコも対象となります。
- 風船は、動物が窒息する危険があるため、園内には持ち込まないでください。

これらの規則は、来園者と動物両者の安全に留意して設けられていることをご理解ください。上記の規則のいずれかに違反していることがわかった場合、来園者は、園の安全管理責任者より退場を求められることがあります。

タイトルから、これは「規則」(regulations) を知らせる問題文であることがわかります。メインとなる箇条書きとただし書きとから成るシンプルな構成ですね。Visitors must not do ～（来園者は～してはならない）、～ is [are] not allowed（～は禁じられている）といった禁止を表す表現に注意しながら、何が禁止されているのかを頭に入れていきましょう。もちろん、ただし書きは必ず読んでくださいね。

設問の訳と解きかた

11. 来園者にとって不適切な行為としてに挙げられていないものはどれか。

(A) フェンスを乗り越えること
(B) 動物に菓子を与えること
正解 (C) 音楽を聞くためにヘッドフォンを使うこと
(D) タバコを吸うこと

NOT問題です。「不適切な行為」(inappropriate behavior) とされるものなので、禁止事項を列挙した箇条書きの内容と一つひとつ照合していきましょう。(A) は、箇条書きの二つ目（①）に Visitors must not attempt to cross safety barriers. とあり、その例として fences が挙げられているので、「不適切な行為」にあたります。include (〜を含む) は超頻出語彙なので必ず覚えてください。(B) は、箇条書きの一つ目（②）に、来園者は動物の迷惑となる行為をしてはいけないとあり、やはり例として This includes attempts to ..., feed, ... と書かれているので、これも「不適切な行為」になります。これは問題文で feed (エサを与える) と一般的に表現されている事柄を、選択肢では give snacks (菓子を与える) と具体的に言い換えたパターンです。(D) は、箇条書きの四つ目（③）の Smoking is not allowed と一致します。箇条書きの三つ目にあるように、騒音を立てることは禁じられていますが、ヘッドフォンの使用については何も言及がないので、(C) が正解です。

---

12. この掲示によると、園の安全管理責任者は何をすることがあるか。

(A) 公開されている動物にエサを与える
(B) 開催予定のイベントのチラシを配る
(C) 通路をきちんときれいに保つ
正解 (D) 安全を脅かすものに対応する

「園の安全管理責任者 (Park Safety Manager)」は問題文ではただし書きに登場します。ただし書きでは、上の規則が来園者と動物両方の安全のためであると断ったうえで、2文目で Visitors found breaking any of the above rules may be asked to leave by a Park Safety Manager. とあるので、これをより一般的・抽象的に言い換えた (D) が正解です。

5 メモ・回覧 (memo)

Questions 13-16 refer to the following memo.

MEMO

From: Mary Sellers, Human Resources Department
To: All West Woods Media employees
Date: October 11
Re: Community cleanup volunteers

Every fall, West Woods Media joins a number of companies in the Valley View district of Redwood Hills to clean up the Jennifer Kelly Park and the surrounding areas, thus strengthening our bond with members of the local community. This year's annual cleanup will be taking place on Saturday, November 5 from 8:00 A.M. to 5:00 P.M., including a BBQ lunch from 12:00 P.M. to 2:00 P.M. −[1]−. We are currently looking for volunteers that would be willing to represent West Woods Media for this community event. −[2]−. Although employees choosing to participate will not be compensated financially, all volunteers will receive a special book including coupons for a number of local stores, in addition to the free BBQ. −[3]−. If you are interested in joining, please contact the HR Department no later than November 1 at 3:00 P.M. −[4]−.

Thank you for your continued support.

13. Why will West Woods Media participate in the event?

  (A) To honor the memory of Jennifer Kelly
  (B) To promote their special coupon book
  (C) To build a better relationship with nearby residents
  (D) To reduce crime in the area

14. When will volunteers gather for the cleanup?

  (A) On November 1 at 8:00 A.M.
  (B) On November 1 at 3:00 P.M.
  (C) On November 5 at 8:00 A.M.
  (D) On November 5 at 12:00 P.M.

15. What do employees get for volunteering?

  (A) Payment for a single day of work
  (B) A special BBQ held by the HR Department
  (C) Discounts from various shops in the community
  (D) One additional paid holiday

16. In which of the positions marked [1], [2], [3], and [4] does the following sentence belong?

  "Plus, the department with the most volunteers will be receiving a special bonus gift."

  (A) [1]
  (B) [2]
  (C) [3]
  (D) [4]

❺ メモ・回覧 (memo)

問題文全訳

問題 13-16 は次の回覧に関するものです。

差出人： 人事部 Mary Sellers
あて先： West Woods Media の全従業員
日付： 10 月 11 日
件名： 地域清掃ボランティア

①毎秋、West Woods Media では、Redwood Hills の Valley View 地区にある多くの企業とともに、Jennifer Kelly 公園とその周辺地域の清掃を実施し、地域社会の人々との絆を深めています。②今年の清掃は、11 月 5 日土曜日の午前 8 時から午後 5 時までで、当日午後 12 時から午後 2 時まではバーベキューランチもあります。- [1] - 現在、West Woods Media からこのコミュニティイベントに参加するボランティアを募集しています。- [2] - ③ご参加いただける社員に手当は出ませんが、ボランティア全員に、無料のバーベキューに加えて、多くの地元店舗で利用できる特別クーポン冊子が提供されます。- [3] - 参加にご興味のある方は、11 月 1 日の午後 3 時までに人事部までご連絡ください。- [4] -

いつもご協力いただきありがとうございます。

差出人が人事部、あて先が West Woods Media の全従業員、そして件名が地域清掃ボランティアであることを確認するだけでも、回覧の内容はかなり想像がつきますね。あとは個々の情報を意識しながら本文を読みましょう。

設問の訳と解きかた

13. なぜ West Woods Media はこのイベントに参加するのか。
(A) Jennifer Kelly を追悼するため
(B) 自社の特別クーポン冊子を広めるため
正解 (C) 近隣住民とのより良い関係を築くため
(D) この地域での犯罪を減らすため

理由・目的を問う問題は問題文全体から判断しなければならない場合が少なくありませんが、ここでは冒頭の文（①）で、清掃を行うことによって「地域社会の人々との絆を深めている (strengthening our bond with members of the local community)」と述べられているので、同じ内容をシンプルに言い換えた (C) が正解です。選択肢の relationship は「(人間) 関係」を意味する非常に汎用性の高い語で、言い換えでよく登場するのでぜひ覚えておいてください。

---

14. ボランティアはいつ清掃に集まるか。
(A) 11月1日午前8時
(B) 11月1日午後3時
正解 (C) 11月5日午前8時
(D) 11月5日午後12時

日時を問うピンポイント問題です。本文中に「集まる (gather)」に相当する語句は見当たりませんが、②に cleanup will be taking place on Saturday, November 5 from 8:00 A.M. to 5:00 P.M. とあり、選択肢でほかに清掃のための集合時間になり得るものはないため、(C) が正解になります。

---

15. 従業員がボランティアをして得るものはどれか。
(A) 1日勤務した分の賃金
(B) 人事部が行う特別バーベキュー
正解 (C) 地域のさまざまな商店での値引き
(D) 追加の有給休暇1日分

③の all volunteers will receive a special coupon book being provided by a number of local stores を言い換えた (C) が正解です。問題文の真ん中あたりに12時から2時まで「バーベキュー (BBQ) ランチ」があると記されているので、(B) を選びそうになるかもしれませんが、この BBQ は人事部が行うとは明記されていません。

---

16. [1]、[2]、[3]、[4] と記載された箇所のうち、次の文が入るのに最もふさわしいのはどれか。
「それに加え、最もボランティアの多かった部署には特別賞が贈られることになっています。」
(A) [1]
(B) [2]
正解 (C) [3]
(D) [4]

挿入される文の冒頭の Plus（それに加えて）に注目しましょう。参加者に与えられるものを述べた文の直後に入ると考えられるので、[3] に入れるのが適切です。

6 ウェブページ (Web page, Web site)

Questions 17-18 refer to the following Web page.

BROOKE'S GUITARS

| HOME | PRODUCTS | LESSONS | FEEDBACK |

Brooke's Guitars' very first guitar was crafted over 50 years ago, when artist Richard Brooke was experimenting with ways to improve the sound of his shows. Since then, we have grown into an international company with some of the world's best-sounding, highest quality guitars.

All of our guitars come with the following additional items free of charge:

- One Vitelli Italian leather guitar strap ($80 value)
- One package of 50 nylon guitar picks with high-friction coating
- A free 1-hour lesson with one of our guitar teachers at a store near you
- Access to our 10-hour online course, "How to Make Money Playing Guitar"

To try out one of our top-of-the-line guitars yourself, please come into one of our shops during regular opening hours. Our staff will be happy to help you select the perfect guitar.

17. What is suggested about Brooke's Guitars?

   (A) It sells both guitar equipment and training.
   (B) It was bought by a famous guitarist.
   (C) It is a small, local company.
   (D) Guitars can only be purchased from the Web site.

18. What is NOT included with all guitar purchases?

   (A) In-person guitar lessons
   (B) A digital training course
   (C) A collection of sheet music
   (D) Physical guitar accessories

6 ウェブページ (Web page, Web site)

> 問題文全訳

問題 17-18 は次のウェブページに関するものです。

	BROOKE'S GUITARS		
ホーム	製品	レッスン	フィードバック

Brooke's Guitar の最初のギターは、アーティスト Richard Brooke が自身のライブでサウンドを改善する方法を試みていた 50 年前に作られました。それ以降、世界最高クラスの音を誇る、最高品質のギターを有する世界的な企業に成長してまいりました。

当社のギターにはすべて無料で以下のアイテムがついてきます:
・① Vitelli イタリアンレザーギターストラップ（80 ドル相当）1 本
・② 高摩擦コーティングを施したナイロン製ギターピック 50 枚入り 1 箱
・③ お近くの店舗にて当社のギター講師 1 人による無料レッスン 1 時間を 1 回
・④ 10 時間のオンラインコース「ギターを弾いてお金を稼ぐには」へのアクセス

当社の最高級ギターをご自身でお試しになるには、通常営業時間中に当社の店舗までお越しください。スタッフがお客さまにぴったりのギター探しを喜んでお手伝いいたします。

ギターメーカーのウェブサイト中の製品紹介ページです。ギターとメーカーの由来、ギターを買うとついてくるアイテム（箇条書き）、試奏するための注記という構成になっています。いかにもどこからでも設問が出されそうな構成のパッセージです。タブだけはざっと眺めれば OK ですが、あとのテキストはきちんと読む必要があります。

設問の訳と解きかた

17. Brooke's Guitars について示唆されているものはどれか。

正解 (A) ギター用品とトレーニングの両方を販売している。
(B) 有名なギタリストに買収された。
(C) 小さな地元の企業だ。
(D) ギターはウェブサイトでのみ購入できる。

What is suggested about ～?（～について示唆されているものはどれか）を使った設問。be suggested（示唆されている）ということは、逆に言うと、問題文中に「明示されていない」ということです。このタイプの設問は多くの場合、問題文全体の趣旨を捉えていないと解くことができません。問題文の内容がきちんとイメージできているかが問われます。箇条書きの部分の①に guitar strap、②に nylon guitar picks とあることから、ギター本体だけでなく関連するアイテムも扱われていることがわかり、また③に、A free 1-hour lesson with one of our guitar teachers とあることから、ギターのレッスンも行われていると考えられます。正解は (A) です。

18. ギターの購入全般に含まれないものはどれか。

(A) 対面でのギターレッスン
(B) デジタル版のトレーニングコース
正解 (C) 楽譜のコレクション
(D) ギターの付属物

NOT問題です。選択肢を一つひとつ照合していきます。(A) は In-person が見慣れないかもしれませんね。「対面式の、直接会っての」という意味の複合語で、③に対応しています。(B) は④に対応。「オンラインの」(online) を選択肢で「デジタル版の」(digital) と言い換えるパターンはよく出題されます。(D) は、①、②に対応していると言えますね。正解は (C) です。

7 指示書・取扱説明書 (instructions)

Questions 19-21 refer to the following instructions.

Dice-Down Blenders

The Dice-Down 6380B multi-function blender is the ultimate tool for homemade smoothies, shakes, or icy drinks. After you have finished making the drink of your choice and rinsed out the container, cleaning is quick and easy. Simply fill ¾ of the container with warm water, add a bit of dishwashing detergent, close the lid, and push the pulse button a few times. Once clean, remove the container from the motor base and rinse it under running water.

Before cleaning the motor base, make sure that it is unplugged from the power source. Do not use excessive water or soap to clean the base. Wiping with a damp cloth is all that is necessary.

Be sure to allow all of the parts to dry before storing. When everything has dried, the blender should be stored fully assembled and upright.

19. What do the instructions explain?

   (A) How to soak the motor base correctly
   (B) How to assemble the 6380B blender
   (C) How to replace the container, base, and power source
   (D) How to clean the appliance parts

20. What is NOT recommended when cleaning the container?

   (A) Using soap and water
   (B) Disconnecting the power source
   (C) Rinsing the container
   (D) Closing the lid

21. According to the instructions, what is true about the blender?

   (A) All of its parts are dishwasher safe.
   (B) The motor base should be attached after drying.
   (C) It should be stored on its side.
   (D) Its container should be rinsed with hot water only.

❼ 指示書・取扱説明書 (instructions)

問題文全訳

問題 19-21 は次の取扱説明書に関するものです。

Dice-Down ブレンダー

多機能ブレンダー Dice-Down 6380B は、手作りのスムージー、シェイク、フローズンドリンクに最高のツールです。お好みの飲み物を作り、容器をすすぎ終わったあとの洗浄は、手早く簡単です。①容器の 4 分の 3 までお湯を入れ、食器用洗剤を少し加えて、蓋を閉め、数回パルスボタンを押してください。きれいになったら、モーターのついた台座から容器を外し、流水ですすぎます。

モーターのついた台座を洗う前に、必ずコンセントを電源から抜いてください。台座を洗う際には水や石けんを使い過ぎてはいけません。水を含ませた布で拭き取るだけで十分です。

必ず各部がすべて乾いてから収納してください。②すべて乾いたら、ブレンダーを完全に組み立てた状態で立てて保管してください。

タイトルから「ブレンダーの取扱説明書」であることがわかります。Chapter 1 でも述べたように、説明書を読むときには「使いかたの内容」、そして「手順」を意識することが大切です。TOEIC では家電や工具の取扱説明書が取り上げられることが多いですが、実際の場面を想像すればわかる通り、操作の順番を間違えれば事故や故障などにつながりかねませんよね。

設問の訳と解きかた

19. この取扱説明書は何を説明しているか。
- (A) モーターのついた台座を適切に水に浸す方法
- (B) 6380B ブレンダーの組み立てかた
- (C) 容器と台座、電源の交換の仕方
- 正解 **(D) 電化製品の部品の洗浄方法**

ずばりこの取扱説明書が何を説明しているのかを問う問題です。問題文全体をきちんと読めているかどうかが問われています。第2文以降を読めばわかる通り、この問題文はブレンダーの洗浄の仕方について説明しています。ブレンダーを appliance (電化製品) と一般化して表現した (D) が正解です。

20. 容器を洗浄する際に推奨されていないものはどれか。
- (A) 石けんと水を使う
- 正解 **(B) コンセントを抜く**
- (C) 容器をすすぐ
- (D) 蓋を閉める

NOT 問題です。気をつけなければいけないのは、container (容器) を洗う際の注意事項に含まれていない事柄が問われているということです。容器の洗浄については①で説明されていて、(A)、(C)、(D) すべてが①に含まれています。第2段落に「コンセントを抜く」とあるため混乱しそうになるかもしれませんが、ここで説明されているのは「台座」の洗浄方法です。したがって、正解は (B) です。

21. 取扱説明書によると、ブレンダーについて正しいものはどれか。
- (A) どの部品も食器洗浄機で洗える。
- 正解 **(B) モーターのついた台座は乾いてから取りつけたほうがよい。**
- (C) 側面を下にして収納したほうがよい。
- (D) 容器はお湯だけですすいだほうがよい。

第3段落に保管の仕方が説明されています。②の文で、すべてが乾いたら「すべて組み立てられた形で立てて (fully assembled and upright)」保管するよう述べられているので、台座も当然のことながら乾いてから取りつけられるべきだということになります。

8 領収書・明細書 (receipt, invoice)

Questions 22-24 refer to the following receipt.

Seaside Molly's

65 Pacific Coast Highway
Encinitas, California 92024
Tel (858) 555-3535

Cashier: JANICE R   10:11 A.M.

ITEM	SKU	
RR 32 OZ PAPER CUPS	7143003187	4.99
STATE SALES TAX		@ 8%
HNT SPAGHETTI SAUCE	2700050006	2.49
GROCERY NON TAXABLE		
EE SPAGHETTI PASTA	4130300045	1.69
GROCERY NON TAXABLE		
CB HOMOGENIZED MILK	4113047006	2.99
GROCERY NON TAXABLE		
	SUBTOTAL	12.16
	TOTAL TAX	.40
	TOTAL	12.56
	Cash TENDER	20.00
	Cash CHANGE	7.44

Seaside Molly's will happily refund or exchange any item* when returned unopened within 30 days with a receipt. Returns without a receipt may be permitted when returned unopened within 7 days of purchase, subject to store management approval.

*The following items are exceptions and may not be returned under any circumstances: perishable items such as fruit, meat, and vegetables, unless there was an issue with quality at the time of purchase; tobacco products; magazines; alcoholic beverages.

22. What kind of store most likely is Seaside Molly's?

   (A) A party supply store
   (B) A grocery store
   (C) A beach goods store
   (D) A family restaurant

23. How much did the customer pay altogether?

   (A) $12.16
   (B) $12.56
   (C) $20.00
   (D) $7.44

24. According to the receipt, which of the following is returnable?

   (A) Cigars and Cigarettes
   (B) Reading materials
   (C) Cases of beer
   (D) Paper plates

8 領収書・明細書 (receipt, invoice)

> 問題文全訳

問題 22-24 は次の領収書に関するものです。

Seaside Molly's
65 Pacific Coast Highway
Encinitas, California 92024
Tel (858) 555-3535

レジ担当：JANICE R　　　　　　　　　　　　　　　　午前 10:11

品名	SKU	
RR 32 OZ 紙コップ	7143003187	4.99
州の消費税		@ 8%
HNT パスタソース	2700050006	2.49
食品につき非課税		
EE スパゲッティ	4130300045	1.69
食品につき非課税		
CB ホモ牛乳	4113047006	2.99
食品につき非課税		

　　　　　　　　　　小計　　　　　　　　12.16
　　　　　　　　　　税合計　　　　　　　　.40

　　　　　　　　　　合計　　　　　　　　12.56

　　　　　　　　　　現金　　お預かり　　20.00
　　　　　　　　　　現金　　お釣り　　　 7.44

Seaside Molly's では、30 日以内にレシートとともに未開封でお戻しいただければ、どの商品も*返品または交換に応じます。レシートがない場合の返品は、購入から 7 日以内に未開封でお戻しいただければ、店舗管理者の承認のもと、受けつけることがあります。

*以下の品目は例外となり、どのような状況でも返品はできません：果物、肉、野菜などの生もの（ただし、購入時に品質に問題がある場合を除く）、タバコ類、雑誌、アルコール飲料

レシート（領収書）の問題文ですね。このタイプの問題文では、個々の項目を読んで理解しようとする必要はありません。どこにどんな情報が書かれているかだけを確認しましょう。ただし、下部のただし書きは読むようにしてくださいね。

設問の訳と解きかた

22. Seaside Molly's はどの種類の店である可能性が高いか。

(A) パーティー用品店
正解 (B) 食料品店
(C) ビーチグッズの店
(D) ファミリーレストラン

> 設問の most likely は「最もそれらしい、可能性が高い」という意味で、問題文の中の情報から推測することを求める設問です。買った品名 (item) の中に紙コップ (paper cups)、パスタソース (spaghetti sauce)、スパゲッティ (spaghetti pasta)、ホモ牛乳 (homogenized milk) などとあり、下部のただし書きには返品できないものとしてさまざまな飲食料品が挙げられていることから、(B) が正解であると推測することができます。

23. この客は全部でいくら支払ったか。

(A) 12.16 ドル
正解 (B) 12.56 ドル
(C) 20.00 ドル
(D) 7.44 ドル

> 客が支払った額というのは、小計 (SUBTOTAL) と税合計 (TOTAL TAX) を足した合計 (TOTAL) のことですよね。正解は (B) です。

24. 領収書によると、以下のうち返品可能なものはどれか。

(A) 葉巻とタバコ
(B) 読み物
(C) ケース入りのビール
正解 (D) 紙皿

> 領収書の一番下にあるただし書きに、返品可能な商品から除外される品目が列挙されています。(A) の Cigars and cigarettes は tobacco products、(B) の Reading materials は magazines、(C) の Cases of beer は alcoholic beverages の形で挙げられているので、返品は不可能。正解は (D) です。

9 スケジュール・旅程表 (schedule, itinerary)

Questions 25-27 refer to the following itinerary.

INCA EXPLORATIONS TRAVEL COMPANY

Thank you for choosing Inca Explorations for your upcoming trip to the Sacred Valley. Below you will find the group's 4-day itinerary for the trip. If you have any questions or concerns about this information, please call our itinerary specialist, Yuri Torero, at (800) 555-4488.

DAY 1
Arrive at Alejandro Velasco Astete International Airport at 7:20 A.M. local time. Group will be met by a private driver. Travel by shuttle bus to Hotel Casa Rumi. Check in and receive water bottles and local maps, from your tour guide, Mr. Alejandro Bustamante.* Meet in hotel lobby at 3:00 P.M. for a walking tour of the famous open air market and dinner at Don Martín Restaurante.

DAY 2
Bus departs from hotel at 9:00 A.M. for Pisac. Arrive in Pisac around 10:30 A.M. Tour Incan Ruins. Lunch and sightseeing near the central plaza. Shopping at the busy Sunday Market. Bus departs from central plaza at 5:30 P.M. for Ollantaytambo. Dinner in Ollantaytambo at 7:30 P.M.

DAY 3
Meet in hotel lobby at 7:30 A.M. Large group breakfast at nearby restaurant. Bus departs from hotel at 9:30 A.M. for Salinas. Tour of Salinas salt pans and nearby Incan ruins. Bus returns to Ollantaytambo at 3:00 P.M. Tour of the Temple of Ollantaytambo. Dinner at hotel restaurant.

DAY 4
Meet at hotel lobby at 5:00 A.M. and walk to train station. Train departs at 6:10 A.M. for Machu Picchu. Full-day tour of Machu Picchu ruins, with afternoon lunch to follow. Train departs for Ollantaytambo at 4:30 P.M. Bus departs from Ollantaytambo for airport at 6:30 P.M.

*NOTE: We urge you to drink large amounts of water after arriving, as this can help prevent altitude sickness, which is common for visitors arriving by plane.

25. Where will the tour guide meet the group members?

- (A) At the airport
- (B) At the open air market
- (C) At the hotel
- (D) At the restaurant

26. How will the group travel from Ollantaytambo to Machu Picchu?

- (A) By private van
- (B) By airplane
- (C) By bus
- (D) By train

27. What day will group members NOT visit ruins?

- (A) Day 1
- (B) Day 2
- (C) Day 3
- (D) Day 4

❾ スケジュール・旅程表 (schedule, itinerary)

> 問題文全訳

問題 25-27 は次の旅程表に関するものです。

INCA EXPLORATIONS 旅行会社

このたびの Sacred Valley へのご旅行に Inca Explorations をお選びいただき、ありがとうございます。以下に、ご一行様の 4 日間の旅程を記載します。もしこの情報についてご質問やご不明な点がございましたら、当社の旅程管理主任者 Yuri Torero (電話番号 (800) 555-4488) までお問い合わせください。

1 日目
現地時間午前 7 時 20 分に Alejandro Velasco Astete 国際空港に到着。専属のドライバーがお出迎え。①シャトルバスでホテル Casa Rumi へ移動。チェックインをして、ウォーターボトルと地元の地図をツアーガイドの Alejandro Bustamante からお受け取り*。午後 3 時にホテルのロビーに集合。有名な屋外マーケットを徒歩で巡り、Don Martín Restaurante で夕食。

2 日目
午前 9 時に Pisac へ向けてバスで出発。午前 10 時 30 分頃 Pisac に到着。インカ遺跡を巡る。中央広場付近で昼食と観光。賑やかな日曜市でお買い物。午後 5 時 30 分に中央広場から Ollantaytambo へバスで出発。午後 7 時 30 分、Ollantaytambo にて夕食。

3 日目
午前 7 時 30 分にホテルのロビーに集合。近くのレストランにて団体での朝食。午前 9 時 30 分にホテルをバスで出発し、Salinas へ。Salinas の塩田と付近のインカ遺跡を巡る。午後 3 時にバスで Ollantaytambo へ戻る。Ollantaytambo の神殿を巡る。ホテルのレストランで夕食。

4 日目
午前 5 時にホテルのロビーに集合し、駅まで徒歩。②午前 6 時 10 分に Machu Picchu へ電車で出発。Machu Picchu 遺跡の全日のツアーで、午後に昼食。午後 4 時 30 分に Ollantaytambo に向けて電車で出発。午後 6 時 30 分にバスで Ollantaytambo を発ち、空港へ。

*ご注意：ご到着後は、水分を多く摂られるようにお願いします。飛行機で到着されるお客さまによく見られる高山病の予防に役立ちます。

旅程表の問題文です。旅行中の行動が時系列にまとめられていますね。大まかな行動の流れをイメージし、設問を読んだときに該当箇所がすぐに見つかるようにしましょう。前置きと末尾の注意書きはきちんと読みましょう。

設問の訳と解きかた

25. ツアーガイドは旅行者一行とどこで会うか。
(A) 空港で
(B) 屋外マーケットで
正解 (C) ホテルで
(D) レストランで

場所を問うピンポイント問題です。設問では the tour guide が主語になっていますが、旅程表はツアーの参加者を主語（省略されている）にした書きかたになっている点に気をつけましょう。①に、ホテルでチェックインしたあと、ガイドから水と地図を受け取るとあるので、正解は (C) となります。

26. Ollantaytambo から Machu Picchu まで一行はどうやって移動するか。
(A) プライベートのバンで
(B) 飛行機で
(C) バスで
正解 (D) 電車で

Machu Picchu が登場するのは 4 日目だけ。② に、Train departs at 6:10 A.M. for Machu Picchu. とあることから、(D) が正解だとわかります。

27. 一行が遺跡を訪れないのは何日目か。
正解 (A) 1 日目
(B) 2 日目
(C) 3 日目
(D) 4 日目

NOT 問題。遺跡 (ruins) を訪れないのはいつかという問題です。旅程表の情報量は少なくありませんが、ruins という語を探すと、2 日目、3 日目、4 日目に見つかり、1 日目には見当たりません。したがって、1 日目だけは遺跡に行かないことがわかります。

10 申込用紙・アンケート (form, survey)

Questions 28-31 refer to the following form.

Gary's Flowers of the Month Club
Fresh, beautiful flowers delivered monthly

Thank you for your subscription to our monthly flower delivery service. You recently received your first shipment of flowers, and we would like to get your feedback. Please fill out this short survey and send it back in the addressed, postage-paid envelope we have provided. In return, we will send you a surprise bonus gift.

Customer name: Claire Brennan

Item received: Holiday Stargazer Lilies

Date ordered: 12 December   Date received: 17 December

Delivery address: 21 Pepper Tree Lane, San Jacinto, CA 92543

Rate the following on a scale of 1 to 5, with 5 being "excellent" and 1 being "poor."

Flower health	1	2	3	4	(5)
Arrangement & Design	1	2	3	4	(5)
Vase (if applicable)	1	(2)	3	4	5
Overall satisfaction	1	2	(3)	4	5

Comments:
As promised, the flowers are fresh and beautiful. However, I made a special request to receive Christmas Tulips for my December shipment, but instead I was sent Holiday Stargazer Lilies. Also, I thought the vase would be glass, but instead it is a cheap plastic material. Please be clearer in the descriptions on your website!

28. What are customers asked to do?

  (A) Choose their flowers
  (B) Return a form
  (C) Subscribe to a service
  (D) Order their next shipment

29. According to the form, what will Ms. Brennan receive?

  (A) A different vase
  (B) Decorative mailing materials
  (C) A free item
  (D) A discount on a future purchase

30. What is indicated about Ms. Brennan's order?

  (A) The shipment was late.
  (B) The arrangement was not beautiful.
  (C) The vase was high-quality.
  (D) The flowers were fresh.

31. What was the problem with Ms. Brennan's order?

  (A) It included damaged items.
  (B) It had poor design.
  (C) It was not what she asked for.
  (D) It arrived too late.

⑩ 申込用紙・アンケート (form, survey)

> 問題文全訳

問題 28-31 は次の用紙に関するものです。

Gary's Flowers 月例便会
新鮮で美しい新鮮な花を毎月お届け

毎月の花のお届けサービスにお申し込みいただき、ありがとうございます。お客さまは、第1回目のお花を最近お受け取りになられましたので、フィードバックをいただきたく存じます。①こちらの短いアンケートをご記入いただき、ご提供した住所記載済み・郵送料支払い済みの封筒に入れてご返送ください。②お礼に、特別サプライズギフトをお送りします。

お客さま名：　Claire Brennan
お届けの商品：　Holiday Stargazer Lilies
ご注文日：　12月12日　　　　　お届け日：12月17日
お届け先住所：21 Pepper Tree Lane, San Jacinto, CA 92543

以下について、5を「たいへん良い」、1を「不十分」として、1から5で評価してください。

お花の状態	1	2	3	4	⑤
アレンジメントとデザイン	1	2	3	4	⑤
花瓶（該当する場合）	1	②	3	4	5
全体的な満足度	1	2	③	4	5

コメント：
③お約束通り、お花は新鮮できれいでした。④しかし、12月の配達には Christmas Tulips を入れてくださるようにと特別にお願いしたのに、送られてきたのは Holiday Stargazer Lilies でした。また、花瓶はガラスだろうと思っていましたが、安いプラスチック素材です。ウェブサイトの商品説明をもっと明確にしてください！

　アンケート用紙の問題文です。申込用紙なども似た感じですが、このタイプの問題文では、個々の情報を覚える必要はありません。どこに何が書かれているかだけを確認しましょう。ただし、このタイプの問題文でも文になっている冒頭の文と最後のコメントはきちんと読むようにしましょう。

設問の訳と解きかた

28. 顧客は何をするよう求められているか。
(A) 花を選ぶ
正解 (B) アンケート用紙を返送する
(C) サービスに申し込む
(D) 次の配達を発注する

①に Please fill out this short survey and send it back ... とあるので、これを return a form と簡単に言い換えた (B) が正解です。

29. アンケート用紙によると、Brennan さんは何を受け取るか。
(A) 別の花瓶
(B) 装飾的な郵送グッズ
正解 (C) 無料の品
(D) 今後の購入での割引

②に In return, we will send you a surprise bonus gift. とあるので、プレゼントが送られることがわかります。a surprise bonus gift を a free item と言い換えた (C) が正解です。

30. Brennan さんの注文について何が示されているか。
(A) 発送が遅れた。
(B) アレンジメントが美しくなかった。
(C) 花瓶の品質が良かった。
正解 (D) 花が新鮮だった。

注文については全体にわたって述べられているので、NOT 問題のように一つひとつ確認します。(A) の発送の遅れについては記述がなく、(B)(C) はアンケートの答えと一致しません。③ the flowers are fresh and beautiful と対応する (D) が正解です。

31. Brennan さんの注文の何が問題だったか。
(A) 損傷した商品が入っていた。
(B) デザインが良くなかった。
正解 (C) 彼女が頼んだものではなかった。
(D) 到着が遅過ぎた。

③に I made a special request to receive ... but instead I was sent ... と書かれていることから、自分が依頼した (asked for) ものではなかったという (C) が正解です。

11 オンラインチャット
(text message chain, online chat discussion)

Questions 32-33 refer to the following text message chain.

JARROD AYERS   18:54
So I just got to the restaurant, and they said they have no record of our reservation.

MASAYUKI SATO   18:56
That's impossible. I called and double-checked yesterday afternoon. You should ask them to check again.

JARROD AYERS   18:59
I already checked multiple times. Anyway, that's what they're telling me. We'll have to find somewhere else to go for dinner.

MASAYUKI SATO   19:00
Have the clients arrived yet?

JARROD AYERS   19:00
No, but I'm guessing that they'll be here any minute. Could you call some restaurants in the area and check if we can get a table?

MASAYUKI SATO   19:01
No problem. Try to keep them entertained until I get there. I'm still about 10 minutes away.

JARROD AYERS   19:02
I'll do my best. But please hurry.

MASAYUKI SATO   19:04
Yes, I will. Sorry for being late. See you soon!

32. At 18:56, what does Mr. Sato mean when he writes, "That's impossible"?

   (A) He forgot to make a reservation.
   (B) He may have made a mistake when reserving a table.
   (C) He does not believe that the restaurant lost their reservation.
   (D) He knows that the reservation was canceled.

33. What is suggested about Mr. Ayers?

   (A) He is having a conversation with the clients.
   (B) He is currently at the restaurant by himself.
   (C) He forgot to confirm their reservation.
   (D) He is one of Mr. Sato's clients.

⑪ オンラインチャット
(text message chain, online chat discussion)

> 問題文全訳

問題 32-33 は次のチャット画面に関するものです。

JARROD AYERS　　　　　　　　　　　　　　　　　　　　　　　　　18:54
①レストランに着いたところなんだけど、僕たちの予約の記録がないって言うんだ。

MASAYUKI SATO　　　　　　　　　　　　　　　　　　　　　　　　　18:56
あり得ないよ。昨日の午後、電話してもう一度確認したんだから。再度調べるように頼んでみて。

JARROD AYERS　　　　　　　　　　　　　　　　　　　　　　　　　18:59
もう何回も確認したんだ。とにかく、彼らはそう言うんだよ。どこか夕食ができる別の場所を探さないと。

MASAYUKI SATO　　　　　　　　　　　　　　　　　　　　　　　　　19:00
クライアントはもう着いた？

JARROD AYERS　　　　　　　　　　　　　　　　　　　　　　　　　19:00
②まだだけど、もうそろそろ着くと思う。このあたりのレストランに電話をして、テーブルの予約ができないか聞いてみてくれないか。

MASAYUKI SATO　　　　　　　　　　　　　　　　　　　　　　　　　19:01
わかった。③僕が着くまで、クライアントをもてなしておいて。まだ10分くらいかかりそうだ。

JARROD AYERS　　　　　　　　　　　　　　　　　　　　　　　　　19:02
頑張るよ。でも急いでくれよ。

MASAYUKI SATO　　　　　　　　　　　　　　　　　　　　　　　　　19:04
そうする。遅れてごめん。またあとで！

オンラインチャットでのやりとりですね。Chapter 1 でも書きましたが、このタイプの問題文は一つひとつのセンテンスが長くないのが特徴です。その分、場面を想像する力が求められます。どんな場面かわかりますか？ やりとりをしているのは Ayers さんと Sato さんの2人ですが、やりとりの中にはそれ以外の人（クライアント）も登場するので、それらの人々の大まかな関係までイメージできると問題が解きやすくなります。

設問の訳と解きかた

32. 18時56分にSatoさんが "That's impossible" と書いたのはどういう意味か。

(A) 彼は予約をするのを忘れていた。
(B) 彼はテーブルの予約をするときに間違えたかもしれない。
正解 (C) 彼は、レストランが予約の記録を見つけられないとは信じられない。
(D) 彼は予約がキャンセルされたことを知っている。

このタイプの問題では、ごく短い口語表現の発話の意図が問われます。単なる辞書的な意味ではなく、前後関係の中でなぜその発言がなされたのかが問われます。したがって、その表現を知っているに越したことはありませんが、仮に知らなくても前後関係から意味を推測できる可能性はあります。とにかく場面をイメージしてみることに集中しましょう。ここで問われている That's impossible. には「それはできない、それは無理だ」と、「そんなことはあり得ない」という二つの意味があり、ここでは後者の意味で使われています。先にレストランに到着して、入れたはずの予約が入っていないと言われたと言うAyersさんに対して、「あり得ないよ。昨日の午後、電話してもう一度確認したんだから (I called and double-checked yesterday afternoon.)」と答えているので、(C) が正解です。

33. Ayersさんについて示唆されているものはどれか。

(A) 彼はクライアントと会話をしている。
正解 (B) 彼は今、レストランに一人でいる。
(C) 彼は予約を確認するのを忘れた。
(D) 彼はSatoさんのクライアントの一人だ。

これも「示唆されている (be suggested)」ことを問う問題で、場面がイメージできているかどうかが最大のポイントになります。やりとりの内容から、Ayersさんはすでにレストランに到着しており (①)、クライアントと (②) Satoさんは (③) まだレストランに到着していないとわかるので、正解は (B) です。

12 複数の文書 (multiple passages)

Questions 34-38 refer to the following article and award certificate.

SAN FRANCISCO, March 21 — Since its founding in 1974, Brick Top Foods, Inc. has received a variety of awards for their delicious packaged cheeses. And now they have received yet another prestigious distinction: a NAEMA Award for Sustainability. Presented by the North American Eco-Management Association (NAEMA) at its annual Environmental Protection Symposium, the award recognizes Brick Top Foods for developing a unique method for packaging and shipping cheeses at its main production facility in Plymouth, Wisconsin, that reduced the use of plastic by over 20%.

"Companies are so focused on increasing profits that they often forget about their overall effect on the environment," said Bill Swanson, CEO of Brick Top Foods, Inc. "But actually, by trying to reduce our impact on the environment, our company is saving thousands of dollars per year and strengthening bonds with our community." Since it first opened, Brick Top Foods, Inc. has grown to become one of the largest privately held cheese distributors in North America. Next year it is scheduled to open an additional factory in Cheyenne, Wyoming.

The award will be presented at this year's Environmental Protection Symposium, which is now celebrating its 5th year. It is among the leading events for organizations working to preserve and protect the planet and is held annually in Chicago.

The North American Eco-Management Association (NAEMA)
is pleased to present

The NAEMA Sustainability Award
to
Brick Top Foods, Inc.

in recognition of efforts to protect the environment.
Presented to the agency with the most innovative new methods of increasing sustainability.

Presented April 12   Varun Ganta, NAEMA President

34. In the article, the word "distinction" in paragraph 1, line 3 is closest in meaning to

(A) honor
(B) difference
(C) clarification
(D) improvement

35. Why did Brick Top Foods, Inc. win the award?

(A) It improved cheese processing methods.
(B) It installed energy-saving facilities.
(C) It reduced the consumption of materials.
(D) It is focused on maintaining profits.

36. Where is Brick Top Foods, Inc. located?

(A) San Francisco, California
(B) Plymouth, Wisconsin
(C) Cheyenne, Wyoming
(D) Chicago, Illinois

37. What does Mr. Swanson say about other organizations?

(A) They are worthy competitors.
(B) Their products are not as high-quality.
(C) They are also interested in environmental conservation.
(D) They are too concerned with making money.

38. What is suggested about Mr. Ganta?

(A) He personally inspected the facilities at Brick Top Foods, Inc.
(B) He has met Mr. Swanson before.
(C) He has held his current position for five years.
(D) He will be in Chicago in April.

12 複数の文書 (multiple passages)

> 問題文全訳

問題 34-38 は次の記事と受賞証明書に関するものです。

SAN FRANCISCO、3 月 21 日──1974 年の設立以来、Brick Top Foods 社は、味の良いパック入りチーズでさまざまな賞を受賞してきた。今度は、また別の権威ある栄誉、NAEMA サステナビリティ賞を受賞した。①この賞は、北米環境マネジメント協会 (NAEMA) から年 1 度の環境保全シンポジウムで授与され、②Wisconsin 州 Plymouth にある主要製造施設で、プラスチックの使用を 20%以上削減した包装と発送の独自の手法を開発したことについて、Brick Top Foods 社を評価するものだ。

「③企業は増益ばかりに気を取られて、環境への全体的な影響について忘れていることが多い」と、Brick Top Foods 社の Bill Swanson 最高経営責任者は述べた。「しかし実際には、環境への影響を減らす努力をすることによって、わが社は年間何千ドルも削減しており、地域社会との絆を強化している」。Brick Top Foods 社は開業当初から成長し、北米で最大の株式非公開のチーズ販売業者の一つになっている。来年は、Wyoming 州 Cheyenne にも製造施設を増設する予定だ。

この賞は、5 周年を迎える今年の環境保全シンポジウムで授与される。④これは、地球を保全・保護するために活動する組織向けの主要なイベントの一つで、毎年 Chicago で開催されている。

北米環境マネジメント協会 (NAEMA) は、
環境を保護する取り組みを評価し、
NAEMA サステナビリティ賞を
Brick Top Foods 社へ贈呈する。

サステナビリティを向上させる最も革新的な手法を持つ機関に対して。

贈呈日 4 月 12 日　　　　NAEMA 代表 Varun Ganta

二つあるいは三つの文書に書かれている情報を組み合わせて解く問題です。各文書は今まで学んできた読みかたで対応することができます。読む分量は多くなりますが、これまで学んできた「読み」の力を信じて恐れず挑戦しましょう。

設問の訳と解きかた

34. 記事の第1段落3行目の単語 distinction に意味が一番近いのは

- **正解 (A) 名誉**
- (B) 違い
- (C) 明確化
- (D) 向上、改善

distiction には「区別」「特徴」「優秀さ」など多くの意味がありますが、ここでは receive の目的語で「栄誉」の意味で使われています。

35. Brick Top Foods 社がこの賞を受賞したのはなぜか。

- (A) チーズの加工法を改善した。
- (B) 省エネルギーの設備を導入した。
- **正解 (C) 資材の消費量を減らした。**
- (D) 利益の維持に集中している。

②に the award recognizes Brick Top Foods for（賞は〜の点で Brick Top Foods を評価する）とあり、その先に that reduced the use of plastic by over 20% とプラスチック使用の削減について述べられています。

36. Brick Top Foods 社はどこにあるか。

- (A) California 州 San Francisco
- **正解 (B) Wisconsin 州 Plymouth**
- (C) Wyoming 州 Cheyenne
- (D) Illinois 州 Chicago

②に at its main production facility in Plymouth, Wisconsin とあり、(B) が正解だとわかります。

37. Swanson さんはほかの組織について何と言っているか。

- (A) 彼らは競争相手として不足はない。
- (B) 彼らの製品はそれほど品質が高くない。
- (C) 彼らもまた環境保全に関心がある。
- **正解 (D) 彼らは収益を上げることに気を取られ過ぎている。**

③に Companies are so focused on increasing profits とあります。so focused on increasing profits を too concerned with making money と言い換えた (D) が正解です。

38. Ganta さんについて示唆されているものはどれか。

- (A) 彼は自分自身で Brick Top Foods 社の施設を検査した。
- (B) 彼は Swanson さんに以前会ったことがある。
- (C) 彼は現在の役職に5年間就いている。
- **正解 (D) 彼は4月に Chicago にいる。**

④にはこの賞の授賞式が Chicago で行われるとあり、受賞証明書には式が4月12日に行われると書かれているので、両方の情報を合わせると、(D) が正解だと考えられます。

Chapter 5
模擬テストに挑戦！

　さあ、皆さんはここまでの章で Part 7 の読みかた・解きかたをマスターしました。最後にこの Chapter 5 では、本番のテストと同じ 15 セット 54 問の問題に挑戦してみましょう。解説を読んでわからないことがあったら、Chapter 4 までの該当箇所に戻ってしっかり復習してくださいね。

Questions 1-2 refer to the following information.

Dana T's Fun Zone

Equipped with enough space for groups of 2,000 people, Dana T's Fun Zone is the ideal location for corporate parties of any size. Featuring an award-winning restaurant, a full bar with a giant cocktail menu, and a high-tech arcade, Dana T's has everything you need for an exciting, unforgettable event. Not only does our arcade include classic favorites such as billiards, bowling, and shuffleboard, but also digital arcade games that you cannot find anywhere else. We also provide private, totally enclosed rooms for all corporate gatherings, which come with access to projectors, presentation screens, microphones, and free wireless Internet.

To speak with one of our experienced and friendly event planners about holding your next corporate event, please call 858-655-3140.

1. What is indicated about Dana T's Fun Zone?

   (A) Its size was recently expanded.
   (B) Its restaurant has received prizes for its quality.
   (C) Some arcade games are in separate rooms.
   (D) Only large corporations can book events.

2. What is NOT mentioned as being available at Dana T's Fun Zone?

   (A) Separate spaces for meetings
   (B) Unique video games
   (C) A drink bar with a wide selection
   (D) PCs with presentation software

Questions 3-5 refer to the following sign.

Mr. Mutt's Emporium

Designer dog collars, leashes, harnesses, beds, bowls, toys, treats, & more

Open   Tuesday – Friday 10 A.M. – 7 P.M., Saturday & Sunday 11 A.M. – 6 P.M.

Inquire within about our dog behavior improvement classes.
Dog grooming services also available.

Michelle Ballard, Owner
27 Picton St, Cockle Bay, Auckland · Telephone: +64 9-531 4665 ·
www.mrmutts.co.nz

3. What type of business is Mr. Mutt's Emporium?

(A) A dog breeding facility
(B) A veterinarian clinic
(C) An animal shelter
(D) A pet supplies shop

4. When can a customer shop at Mr. Mutt's Emporium?

(A) On Tuesday at 7:30 P.M.
(B) On Wednesday at 9:30 A.M.
(C) On Saturday at 11:30 A.M.
(D) On Monday at 2 P.M.

5. What is NOT advertised on the sign?

(A) Litter boxes
(B) Dog accessories
(C) Animal food
(D) Pet training services

Questions 6-8 refer to the following Web page.

http://www.sneakerworkshop.com/orders/survey.html

Sneaker Workshop

- Home
- Products
- Locations
- Orders
- Site Map

Dear Mrs. Lopez,

First, we would like to thank you for purchasing a pair of custom shoes! Sneaker Workshop started out as a group of fashionable art students, and over the last couple of years we've grown into the company we are today thanks to the feedback we get from our customers. Accordingly, we were hoping that you might be willing to fill out the short survey below. Honest opinions from customers like you can help us to improve our products and services.

	Agree	Not applicable	Disagree
The sneaker customization process was simple and straightforward.			●
I am satisfied with the list of options for designing my sneakers.	●		
I am satisfied with the price I paid.	●		
The customer representative that helped me was friendly and knowledgeable.		●	
I am likely to shop at Sneaker Workshop again in the future*.	●		

*In addition to the free shipping on orders and returns that we offer to all customers, members of our Frequent Buyers Club can also get exclusive discounts. **Click here** for details.

6. Why is Mrs. Lopez receiving this message?

(A) She has just joined a group for art students.
(B) She requested more details about Sneaker Workshop.
(C) She expressed interest in the Frequent Buyers Club.
(D) She has just placed an order.

7. What is one complaint that Mrs. Lopez has about Sneaker Workshop?

(A) Making custom shoes is too complicated.
(B) The selection of sneaker models is too limited.
(C) Overall, the site is too expensive.
(D) The customer representative was not professional.

8. What is indicated about Sneaker Workshop?

(A) It is owned by a private art school.
(B) It was founded five years ago.
(C) It charges money for product deliveries.
(D) It offers special prices to repeat customers.

Questions 9-11 refer to the following announcement.

Attention Loyal Clientele of Tim & Rick, Inc.

As we await the completion of the renovation of our head office on Main Street, law and consultation firm, Tim & Rick, Inc., will be temporarily relocating to the first floor of Briarwood Mall, on Pauline Street. The move, scheduled for October 3, will be in effect until mid-December (when the renovation project will be finished). Please rest assured that at Tim & Rick, Inc., we value your business and will be here to serve your legal needs without disruption. We ask you to understand that although our legal services will still be available, until the renovation is completed, we will not be able to see clients unless they make an appointment at least 24 hours in advance. Please call us for scheduling meetings and consultations.

---

9. According to this announcement, what is indicated about Tim & Rick, Inc.?

    (A) It will move to another place for a few months.
    (B) It will open a new branch office in the Briarwood Mall.
    (C) It will be closing in October.
    (D) It will be purchased by another law firm.

10. Where will the firm be located as of October 1?

    (A) The Briarwood Mall
    (B) Near Main Street
    (C) On Main Street
    (D) On Pauline Street

11. What can Tim & Rick clientele NOT do during the renovation project?

    (A) Make phone calls to Tim & Rick, Inc.
    (B) Visit the law firm without an appointment
    (C) Schedule appointments at the firm
    (D) Ask for consultation services

Questions 12-13 refer to the following inbox.

Mary Tulip's Inbox				
New	Reply	Forward	Delete	Save To Folder
Sender	Subject		Received	
Robert Page	Sample Designs for Fall Fashion Catalog		Mon, April 12, 8:15 AM	
Reminder	Visit Fox Fabrics & Textiles: Wednesday, 9:45 AM		Mon, April 12, 9:45 AM	
Joanne Sparks	Agenda for Tomorrow		Tue, April 13, 4:51 PM	
Mark	How's Brussels?		Wed, April 14, 6:42 PM	
Joanne Sparks	Thank You for Touring our Facilities		Thur, April 15, 9:20 AM	
			3:26 PM Thursday, April 15	

12. Where does Mary Tulip probably work?

(A) At a construction company
(B) At a tour company
(C) At a university
(D) At a clothing company

13. Where most likely was Mary on Wednesday morning?

(A) At a supplier's headquarters
(B) On a sightseeing tour
(C) At home
(D) At a seminar

Questions 14-15 refer to the following text message chain.

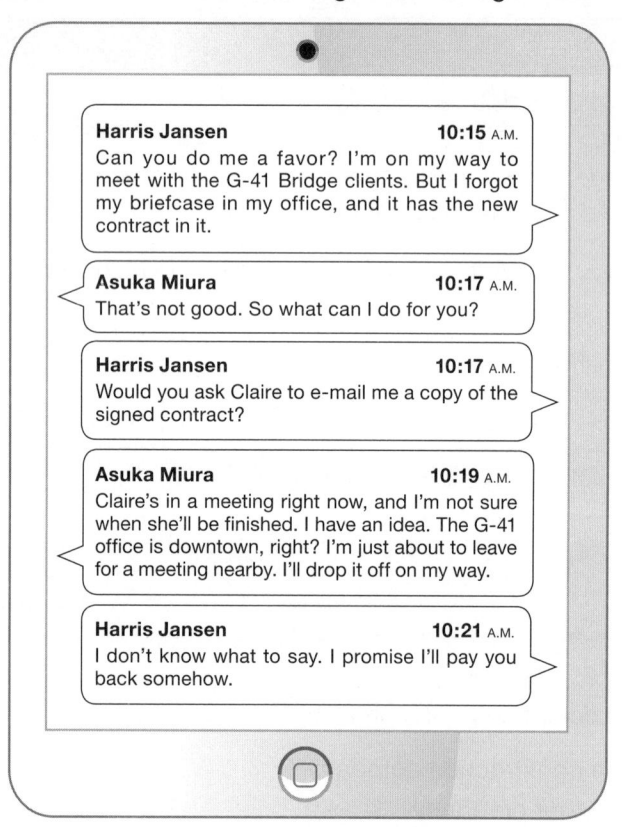

Harris Jansen — 10:15 A.M.
Can you do me a favor? I'm on my way to meet with the G-41 Bridge clients. But I forgot my briefcase in my office, and it has the new contract in it.

Asuka Miura — 10:17 A.M.
That's not good. So what can I do for you?

Harris Jansen — 10:17 A.M.
Would you ask Claire to e-mail me a copy of the signed contract?

Asuka Miura — 10:19 A.M.
Claire's in a meeting right now, and I'm not sure when she'll be finished. I have an idea. The G-41 office is downtown, right? I'm just about to leave for a meeting nearby. I'll drop it off on my way.

Harris Jansen — 10:21 A.M.
I don't know what to say. I promise I'll pay you back somehow.

14. What does Ms. Miura indicate she will do?

(A) E-mail some materials
(B) Give a message to a coworker
(C) Deliver a document
(D) Attend the G-41 meeting

15. At 10:21 A.M., what does Mr. Jansen mean when he writes, "I don't know what to say"?

(A) He is excited to meet with Ms. Miura.
(B) He is surprised by Ms. Miura's generosity.
(C) He is hoping Ms. Miura will fulfill a promise.
(D) He is expecting to see Ms. Miura soon.

Questions 16-18 refer to the following message.

9:21 A.M.

New Message   Cancel

To: Jessica Banks

You're working with me at the museum today, right? My car broke down, so I'll be a bit late. I was hoping you could order materials for the new members' card badges for me. We'll probably exhaust our supply in the next few days. You can order them using the catalog in the top drawer of the cabinet in my office. We need 100 extra-thick, cream-tinted 3x5 cards and 50 plastic cases to go with them.

---

16. Why was the message sent to Ms. Banks?

(A) To confirm some car troubles
(B) To ask for an estimate on members' cards
(C) To approve an order for supplies
(D) To request that she purchase materials

17. What is NOT mentioned in the message?

(A) The size of the order
(B) The color of the members' cards
(C) The company processing the order
(D) The location of some product listings

18. The word "exhaust" in line 4 is closest in meaning to

(A) lessen
(B) fatigue
(C) disable
(D) run through

Questions 19-22 refer to the following contract.

Service Contract

David Dominguez of Blue Bee Systems, Inc. (hereafter referred to as "Contractor") agrees to provide services to Dolores Subith, owner of Julian Gardening Center, (hereafter referred to as "Client") according to the following terms.

Description of Services
The Contractor will construct four gardening sheds and one greenhouse at 540 Apple Ridge Road according to the specifications and dimensions detailed in the agreed-upon designs accompanying this contract. The Client agrees to the estimate provided by the Contractor on July 1.

Work Schedule
The Contractor agrees that construction will begin on July 15 and be completed on or before August 31. Delays due to weather conditions or other unforeseen circumstances found to be out of the Contractor's control will be acceptable, provided that the project is completed no later than September 15.

Payments
The Client shall pay a deposit of 50 percent of the estimated total cost on the contract signing date so that the Contractor may obtain the necessary building materials. A final invoice will be submitted by the Contractor upon completion of all work. The Client shall then pay the balance within 7 days of receiving the final invoice.

Other Terms
The Client understands that if changes are necessary during the course of construction, the Contractor will provide the Client with a change order, and the Client will be responsible for the additional incurred costs of the agreed-upon changes. The Contractor agrees to remove all debris, equipment, materials, etc. from the location upon completion of the project.

Contractor:

David Dominguez	Owner, Blue Bee Systems, Inc.	July 8
Signature	Title	Date

Client:

Dolores Subith	Owner, Julian Gardening Center	July 8
Signature	Title	Date

19. In paragraph 2, line 4, the word "estimate" is closest in meaning to

(A) guess
(B) design
(C) price
(D) story

20. According to the contract, what is NOT an acceptable reason for a delay?

(A) The Contractor's supplier sent the wrong amount of building materials.
(B) A hurricane caused damage to the work site.
(C) A pipe burst and flooded the property.
(D) The project is more complicated than expected.

21. When is the deposit due?

(A) July 1
(B) July 8
(C) July 15
(D) August 31

22. According to the contract, what is Blue Bee Systems, Inc. responsible for?

(A) Obtaining building permits from the city
(B) Providing safety gear to employees of Julian Gardening Center
(C) Submitting a separate invoice for building materials
(D) Cleaning up the site after the job is completed

Questions 23-26 refer to the following letter.

Zalma Inc.

2430 Hillview Avenue • Palo Alto, CA 94304

Martin Wolanski
221 Holzapple Street
Grand Forks, ND 58205

March 4

Dear Mr. Wolanski,

Thank you for taking the time to attend the online interview for the Zalma Technology Scholarship last month. As you know, Zalma Inc. relies heavily upon the expertise of our world-class computer engineers in order to provide our clients with the highest quality of computer parts and equipment, and it is our appreciation for excellence in the field of computer science that led to the creation of this scholarship fund.

– [1] –. We were impressed by your work ethic, skills, and desire to improve yourself. – [2] –. For these reasons, we have decided to approve your application for a scholarship to support your studies at Tanglin Technology University's School of Computer Science in Singapore next year. – [3] –. The enclosed form provides important information about finalizing your scholarship, including details and dates regarding payment. Please let me know no later than March 14 whether you will be able to accept this offer of funding.

Also, if you have any questions, please do not hesitate to contact me. I look forward to hearing from you soon, and congratulations. – [4] –.

Sincerely,

George Lund

George Lund
Executive Administrator
g.lund@zalmatech.com
(650) 493-5510

23. What is the purpose of the letter?

    (A) To congratulate a job applicant
    (B) To set up an interview with a candidate
    (C) To make an offer of educational funding
    (D) To request biographical information

24. What kind of business is Zalma Inc.?

    (A) A computer hardware manufacturer
    (B) A Web design agency
    (C) A private technology university
    (D) A network security provider

25. The phrase "led to" in paragraph 1, line 6, is closest in meaning to

    (A) provided for
    (B) took care of
    (C) brought about
    (D) stemmed from

26. In which of the positions marked [1], [2], [3] and [4] does the sentence best belong?

"Moreover, we received excellent feedback from your academic references."

    (A) [1]
    (B) [2]
    (C) [3]
    (D) [4]

Questions 27-30 refer to the following information.

New Clubhouse Now Open to Residents

We are pleased to announce the opening of a new clubhouse for residents of the Rio Vista Apartment Community. The new clubhouse, which overlooks the community pool, is located next to the fitness center. It is furnished with comfortable couches, high-definition TVs, a pool table, a state-of-the-art sound system, and a spacious, fully stocked kitchen. It will be available exclusively to Rio Vista residents from October 1, free of charge.

Residents wishing to book the clubhouse must adhere to the following reservation guidelines. Booking requests can only be made by filling out a reservation form, which is available in the leasing office. – [1] –. Please keep in mind that residents may only have up to three reservations in place at one time. Failure to observe these guidelines may result in the loss of clubhouse privileges.

The clubhouse is meant to be used for social purposes only. – [2] –. The use of the clubhouse for business meetings is not permitted. When playing music, please be considerate of other residents living nearby. – [3] –. All evening functions must be over by 10:00 P.M. on week nights and by 11:30 P.M. on Friday and Saturday nights with no exceptions. – [4] –. No smoking is permitted inside the clubhouse.

Rio Vista Apartment Community
www.riovistacommunity.com

27. What is indicated about the new clubhouse?

  (A) It was sold by Rio Vista.
  (B) It is replacing the community pool.
  (C) It includes workout equipment.
  (D) It is equipped with cooking appliances.

28. What is a stated requirement for a reserving the clubhouse?

  (A) Paying a security deposit
  (B) Living in the apartment community
  (C) Signing up by October 1
  (D) Listing party attendees

29. Which of the following is permitted in the clubhouse?

  (A) Hosting a dinner party
  (B) Staying past midnight
  (C) Making presentations to clients
  (D) Using tobacco

30. In which of the positions marked [1], [2], [3], and [4] does the following sentence belong?
  "All reservations must be made at least 24 hours in advance."

  (A) [1]
  (B) [2]
  (C) [3]
  (D) [4]

Questions 31-34 refer to the following online chat discussion.

Chloe Bell [10:16 A.M.]	Hi all. I just spoke with Mr. Lin at Sky Circuit Magazine. Greer Hall Event Center was badly flooded last night, and now the magazine needs a different venue for their conference next weekend. Can we organize that in time?
Lionel Nash [10:17 A.M.]	How many people will be attending?
Chloe Bell [10:17 A.M.]	They have 18 speakers presenting, and they're expecting around 600 attendees.
Lionel Nash [10:26 A.M.]	OK. I just got off the phone with Red Lake Convention Center, and they said they could host the event.
Chloe Bell [10:27 A.M.]	Great news! Greer Hall was supposed to handle everything—catering, brochures, video recording of presentations—so we'll have to arrange all of that ourselves.
Nancy West [10:28 A.M.]	My catering crew can handle that number of people, no problem. I'll put together some sample menus tomorrow.
Chloe Bell [10:28 A.M.]	Perfect. Let's try to finalize the food by the end of the week.
William Carr [10:29 A.M.]	My team can record video during the conference and have everything edited within a few days of filming.
Ed Owen [10:30 A.M.]	Once we have the presentation schedule and everything set up, I can get brochures designed and printed.
Chloe Bell [10:30 A.M.]	Fantastic. It's a go, then. I'll tell Mr. Lin. Thank you everyone!

[SEND]

31. Why did Mr. Lin contact Ms. Bell?

  (A) An event must be canceled.
  (B) A time schedule has changed.
  (C) A presentation hall is too small.
  (D) A venue will be unavailable.

32. For what type of company does Ms. Bell most likely work?

  (A) A convention center
  (B) A party coordinating firm
  (C) A digital magazine
  (D) A luxury food service provider

33. According to the discussion, who will complete their work last?

  (A) Mr. Nash
  (B) Ms. West
  (C) Mr. Carr
  (D) Mr. Owen

34. At 10:30 A.M., what does Ms. Bell mean when she writes, "It's a go"?

  (A) She will visit the new client in person.
  (B) She will consider the feedback she has received.
  (C) She believes that the work can be accomplished.
  (D) She wants to encourage her coworkers.

Questions 35-39 refer to the following advertisement and e-mail.

Ceylon Ridge Tea's Selection of Gourmet Teas

Ceylon Ridge Tea has been a world leader in the tea industry for over two centuries. We are most well-known for our black tea, handpicked from the lush green mountains in Sri Lanka. You can choose from a wide range of black teas to be carefully packaged in our durable tea containers and shipped to your home or place of business.

We offer a variety of black tea flavors, from the traditional English Breakfast Tea to our own unique blends of organic Sri Lankan teas. Our tea containers range from 40 grams to 500 grams in size and come in a variety of designs and colors. Special height and width requests for custom tea containers must be made two months prior to the desired delivery date.

To place an order, call 09-878-0913 for the UK and Europe or +64 987-9813 for delivery to other regions. You can also purchase any of our fine teas online at www.ceylonridgetea.com. Shipping outside the UK and Europe is not free and may cost upward of 100 USD. Orders must be made one month in advance for shipments to North America.

	E-mail Message	
From:	Steve Blake <sblake@annarborteahouse.com>	
To:	Jenny Carmen <jcarmen@ceylonridgetea.com>	
Subject:	English Breakfast Tea order quote	
Date:	November 3	

Dear Ms. Carmen,

My colleagues and I recently came across a positive review of your English Breakfast Tea in a trade magazine, and we are considering placing a small order to our café in Ann Arbor, Michigan in the USA. First, however, we would like to request a quote from you to see how much it would cost to ship ten 250 gram containers of your English Breakfast Tea to our shop in Michigan. Depending on the shipping cost, we may be able to place a similar-sized order once every few months.

Tea type: English Breakfast Tea
Tea container size: 250 grams
Quantity: 10 containers
Special tea container request: No
Desired delivery date: Before December 21st
Comments: If 250 gram containers are not available, then we would be willing to consider ordering five 500 gram containers or one specially made 2,500 gram container.

Please respond to this e-mail with your quote.

Best regards,
Steve Blake
Ann Arbor Tea House General Manager
(734) 475-1704

35. What is implied about Ceylon Ridge Tea?

   (A) It sells exclusively to businesses.
   (B) Its main offices are in Europe.
   (C) It publishes a paper sales catalog.
   (D) It has been in business for many years.

36. What kind of tea does Ceylon Ridge Tea specialize in?

   (A) Earl Grey
   (B) English Breakfast Tea
   (C) British tea
   (D) Black tea

37. In the e-mail, the word "trade" in paragraph 1, line 2, is closest in meaning to

   (A) consumer
   (B) exchange
   (C) industry
   (D) sales

38. In order to receive his tea by the requested delivery date, when is the deadline for Steve to place his order?

   (A) October 21
   (B) November 3
   (C) November 21
   (D) December 1

39. What type of tea containers is Mr. Blake NOT interested in ordering?

   (A) 40 gram containers
   (B) 250 gram containers
   (C) 500 gram containers
   (D) Custom tea containers

Questions 40-44 refer to the following article and schedule.

Up, Up, and Relay

To many, the physics and engineering of space travel might not sound like interesting ideas to discuss. But former university professor and scientific researcher Dr. Simon Cardigan has made these into popular conversation topics with his record-breaking documentary *Up, Up, and Relay*.

This revolutionary documentary is an exploration into the current state of outer space travel and its likely future. That the movie has sold more tickets than any scientific documentary in history is surely a result of the director's unique approach to storytelling. Rather than avoiding complicated scientific concepts, Dr. Cardigan explains them with real-world examples and entertaining (and often embarrassing) stories from his personal life.

Although Dr. Cardigan's storytelling alone could explain the popularity of *Up, Up, and Relay*, the film's success is also due to the expert contributions of executive producer Marty Schaffer. The prominent writer, actor, and producer assisted Dr. Cardigan throughout the development of the film, and the result is an impressively professional, well-made movie.

The popularity of *Up, Up, and Relay* may also be related to an increase in successful TV shows, movies, and books with a heavy focus on scientific explanations. The most well-known example of this is the hugely popular television series *The World Gap*, which follows the adventures of a group of space travelers in the future.

✦✦✦✦✦ Houston Space Convention—Highlights ✦✦✦✦✦

◆ **Keynote Speakers and Discussions, West Harper Ballroom**

Day 1 13 June, 4 P.M. Dr. Simon Cardigan discusses research behind his film *Up, Up, and Relay*, winner of the Incline Heights Film Festival award for "Best Documentary."

Day 2 14 June, 3 P.M. Yusuke Ueda gives a talk on the future of space tourism.

Day 3 15 June, 5 P.M. Dr. Drake Reese, Dr. Anke Laumann, and Clint Helms join in a group discussion on the accuracy of popular movies and dramas about space.

◆ **Exhibitor Booths, East Harper Ballroom**

13, 14, & 15 June, 1 P.M.—7 P.M., Featuring demonstration booths from various aerospace businesses.

40. What is the subject of the article?

(A) The relationship between engineering and filmmaking
(B) The success of a certain film
(C) The growing popularity of space-related entertainment
(D) Scientific criticisms of a recent documentary

41. In the article, the word "prominent" in paragraph 3, line 6, is closest in meaning to

(A) skilled
(B) projected
(C) active
(D) well-known

42. What is NOT mentioned about *Up, Up, and Relay*?

(A) It includes academic subject matter.
(B) It was directed by a scientist.
(C) It contains personal stories.
(D) It will be made into a TV series.

43. What most likely will be discussed on Day 3 in the West Harper Ballroom?

(A) Dr. Drake Reese's concerns about space tourism
(B) Dr. Cardigan's latest research findings
(C) Marty Schaffer's upcoming film
(D) Clint Helms' opinion of *The World Gap*

44. According to the schedule, what can attendees do in the East Harper Ballroom?

(A) Purchase new technology
(B) Meet television actors
(C) Apply for engineering positions
(D) Learn about space-related companies

Questions 45-49 refer to the following e-mail and survey.

From:	Jeff Watson <jeffw1@springwoodsuites.com>
To:	Maria Rodriguez <rodriguez-family23@mailptt.com>
Subject:	Your stay at Springwood Suites
Date:	March 21

Dear Mrs. Rodriguez,

We hope you enjoyed your stay at the Portsmouth branch of Springwood Suites.

Here at Springwood Suites, we are committed to providing world-class service to our guests. For this reason, we were hoping that you might be willing to fill out an online review regarding your experience. If you choose to give us your feedback, we will automatically send you a 25% off coupon valid at any of our 300 international locations. Consider it our way of saying thanks.

To complete your review, please visit the Springwood Suites homepage and click on the Your Booking link in the upper right corner. Upon doing so, the system will ask you to enter the e-mail address and user password you used when booking the room. Entering these will bring you to the review page. Please note that reviews can only be submitted up to one month from the final day of accommodation.

Thank you for choosing Springwood Suites.

Best regards,

Jeff Watson
Guest Relationship Manager
Springwood Suites

🔗 http://www.springwoodsuites.com/visitor/survey

Guest Name	Maria Rodriguez	**Check-In Date**	March 1
Hotel Name	Springwood Suites–Portsmouth	**Check-Out Date**	March 6

1. How would you rate your hotel experience overall?

    Very satisfied ○   Somewhat satisfied ⦿   Not satisfied ○

2. How would you rate the service provided by hotel representatives?

    Very satisfied ⦿   Somewhat satisfied ○   Not satisfied ○

3. How would you rate the comfort and cleanliness of your room?

    Very satisfied ○   Somewhat satisfied ○   Not satisfied ⦿

4. Please tell us about your stay.

> My room seemed fine at first, but on the second day I realized that the shower was not draining properly. I complained to the hotel staff, and they upgraded me to a suite. I was very impressed by their concern and eagerness to help. The hotel itself is also right next to the convention center, which was nice.

5. Do you have any recommendations for improvement?

> The walls are too thin, so I could hear everything that the guests in the next room were saying. Plus, I saw multiple light bulbs that were out. This is all in addition to the drainage problem I mentioned above.

45. What is the purpose of the e-mail?

   (A) To confirm receipt of a survey
   (B) To remind a client about a coupon
   (C) To request comments from a guest
   (D) To review the quality of a hotel

46. According to the e-mail, what step is necessary to access the review?

   (A) Speaking with a representative
   (B) Creating a secure password
   (C) Entering existing login information
   (D) Registering for updates

47. What is the deadline for leaving a review?

   (A) March 31
   (B) April 1
   (C) April 6
   (D) April 21

48. What is NOT mentioned about the hotel?

   (A) Noise from other guests
   (B) Friendly staff
   (C) Reasonable rates
   (D) Convenient location

49. How most likely will the Portsmouth branch be changed?

   (A) New toilets will be installed.
   (B) Maintenance work will be performed.
   (C) Front desk staff will receive new training.
   (D) Housekeeping staff will be replaced.

Questions 50-54 refer to the following product information, online review, and response.

---

https://www.rocksidetents.com/rocksidepalace

Rockside Tents

Home | **Products** | Place Order | Customer Service | Contact Us

Model	Sleeps	Price
Rockside Palace 6	6 people	$439
Rockside Palace 8	8 people	$529

Colors: Moss Green; Sky Blue

Description:
Designed for extreme weather conditions, the Rockside Palace series is ideal for family camping in mountainous areas.
- Two rooms with center divider
- Two large doors with four zipper sliders
- Cutting-edge weather resistant material
- Ultra-lightweight, titanium tent stakes

---

https://www.rocksidetents.com/rocksidepalace/reviews

November 12

We purchased the Rockside Palace 6 in green for our family camping trips. Overall, we are a bit disappointed. For one thing, the tent is not quite big enough for our family of five. Also, we've had some problems with the zippers. A couple of them are permanently stuck in place, so now we can only use the doors on one side of the tent.

In addition, I'm concerned that the tent's stakes are unable to handle high winds, as they are so lightweight. I sometimes worry that the tent is in danger of blowing away.

Colette Palacios

https://www.rocksidetents.com/rocksidepalace/messages

November 14

Dear Ms. Palacios,

We're sorry to hear about your trouble with our product. Since the tent you received may have been defective, we would like to send you a replacement. You also mentioned that your tent's size was an issue, so we will send you the larger model. However, it is not available in the color you have now. Note that in order to send you the replacement, you will need to e-mail us proof of your purchase.

As for your concerns regarding our tent stakes, rest assured that they are entirely sturdy. Though they are made of lightweight material, we have proven their strength and effectiveness in several field trials.

Mario Delgada, Rockside Tents customer service

50. What does Ms. Palacios write about her tent?

   (A) She dislikes the color.
   (B) It is not weather resistant.
   (C) It is too big for her family.
   (D) Parts of it won't open.

51. In the review, the word "handle" in paragraph 2, line 1, is closest in meaning to

   (A) turn
   (B) resist
   (C) defer
   (D) expose

52. What does Mr. Delgada offer to Ms. Palacios?

   (A) A green 6-series tent
   (B) A green 8-series tent
   (C) A blue 6-series tent
   (D) A blue 8-series tent

53. What must Ms. Palacios do in order to receive the item from Rockside Tents?

   (A) Prove that her product is defective
   (B) Provide further details about her problem
   (C) Fill out an official request form
   (D) Send a copy of her order receipt

54. What does Mr. Delgada indicate about the stakes of the tent?

   (A) They have been tested outdoors.
   (B) They are lightweight for increased mobility.
   (C) They were specially designed by scientists.
   (D) They are less effective in snowy environments.

訳と解答・解説　Questions 1-2 ／ 1つの文書

問題文全訳

問題 1-2 は次の情報に関するものです。

Dana T's Fun Zone

Dana T's Fun Zone は、2,000 人のグループにもゆったりとお使いいただけるスペースを有する、あらゆる規模の企業パーティーに最適の会場です。①受賞歴のあるレストランや、④カクテルメニューを豊富に取りそろえた本格的なバー、ハイテクなゲームセンターもあり、Dana T's はエキサイティングで忘れられないイベントを開催するお客さまのあらゆるニーズにお応えします。ゲームセンターには、ビリヤードやボウリング、シャッフルボードといった、おなじみのゲームだけでなく、③よそでは見られないデジタルゲームもあります。また当施設には②あらゆる会社の集まり向けの完全に仕切られた個室もあり、プロジェクターやプレゼンテーション用のスクリーン、マイク、無料の無線インターネット接続がご利用いただけます。

お客さまの次の企業イベントの開催について、当社の経験豊富で親切なイベントプランナーにご相談いただくには、858-655-3140 までお電話ください。

設問の訳と解きかた

1. Dana T's Fun Zone について示されているものはどれか。

(A) 最近、規模が拡大された。
正解 (B) 施設内のレストランが質の高さで受賞した。
(C) ゲームセンターのゲームのいくつかは別の部屋にある。
(D) 大企業だけがイベントの予約ができる。

① に an award-winning restaurant（受賞歴のあるレストラン）とあり、has received prizes（受賞した）と言い換えた (B) が正解となります。複合語 award-winning は TOEIC の頻出語です。

2. Dana T's Fun Zone で利用できるものとして言及されていないものはどれか。

(A) 会議用の仕切られたスペース
(B) 珍しいテレビゲーム
(C) 品ぞろえの豊富なバー

正解 **(D) プレゼンテーション用ソフトウェアつきのパソコン**

NOT 問題なので、選択肢を一つひとつ問題文と照合していきます。(A) は ② private, totally enclosed rooms for all corporate gatherings（あらゆる会社の集まり向けの完全に仕切られた個室）、(B) は ③ digital arcade games that you cannot find anywhere else（よそでは見られないデジタルゲーム）、(C) は ④ a full bar with a giant cocktail menu（カクテルメニューを豊富に取りそろえた本格的なバー）がそれぞれ対応しています。presentation screens（プレゼンテーション用のスクリーン）があるとは書かれていますが、software（ソフトウェア）については言及がないので、正解は (D) です。

- **equipped with** 〜を備えた、装備した　□ **corporate** 企業の、会社の、法人の
- **feature** 〜を呼び物にする　□ **award-winning** 受賞歴のある
- **arcade** ゲームセンター　□ **unforgettable** 忘れられない　□ **include** 〜を含む
- **enclosed** 囲まれた　□ **gathering** 集まり　□ **expand** (〜を) 拡張する
- **separate** 分かれた、別々の　□ **selection** 品ぞろえ

訳と解答・解説　Questions 3-5／1つの文書

問題文全訳

問題 3-5 は次の看板に関するものです。

Mr. Mutt's Emporium

①デザイナーによる犬用の首輪、リード、ハーネス、ベッド、えさ皿、おもちゃ、おやつほか

②営業時間　火曜日〜金曜日 午前 10 時〜午後 7 時　土・日曜日 午前 11 時〜午後 6 時

③犬のしつけ教室については店内でお尋ねください。
グルーミングサービスもご利用いただけます。

店主　Michelle Ballard
27 Picton St, Cockle Bay, Auckland・電話：+64 9-531 4665・
www.mrmutts.co.nz

設問の訳と解きかた

3. Mr. Mutt's Emporium の業種は何か。

(A) 犬の繁殖施設
(B) 動物病院
(C) 動物保護施設
正解 (D) ペット用品店

問題文には業種に関する記述はありませんが、①にある商品から (D)A pet supplies shop だと推測することができます。

4. 客は Mr. Mutt's Emporium でいつ買い物ができるか。

(A) 火曜日の午後 7 時 30 分
(B) 水曜日の午前 9 時 30 分
正解 (C) 土曜日の午前 11 時 30 分
(D) 月曜日の午後 2 時

設問の shop は「買い物をする」という意味の動詞。つまり営業時間を尋ねる問題です。該当する情報が出ているのは Open で始まる②。②に述べられた営業時間にあてはまるのは (C) だけです。

5. 看板で宣伝されていないものはどれか。

正解 (A) ネコ用のトイレ
(B) 犬用のアクセサリー
(C) 動物の食べ物
(D) ペットのトレーニングサービス

> NOT問題です。選択肢とパッセージを一つひとつ照合していくと、(B)(C)は①にあり、(D)は③にあります。したがって(A)が正解です。litterは「ごみ」という意味ですが、litter boxで「ネコ用のトイレ」を表します。

□ **collar** ペットの首輪　□ **leash**（動物をつなぐ）リード、ひも
□ **harness** ハーネス、引き具　□ **inquire** 尋ねる、問い合わせる
□ **grooming** グルーミング、身づくろい　□ **breed** ～を飼育する　□ **facility** 設備、施設
□ **veterinarian** 獣医　□ **clinic** 診療所、医院　□ **shelter** 保護施設、避難所
□ **accessory** 装飾品、アクセサリー

訳と解答・解説 **Questions 6-8／1つの文書**

問題文全訳

問題 6-8 は次のウェブページに関するものです。

http://www.sneakerworkshop.com/orders/survey.html		
Sneaker Workshop		
ホーム 製品 所在地 注文 サイトマップ	Lopez 様 ① 初めに、オーダーメイド靴をお買い上げいただき、感謝申し上げます。Sneaker Workshop は、センスのいい美術学生たちのグループとして発足し、お客さまからいただいたフィードバックのおかげで、この 2 年で現在のような会社に成長することができました。つきましては、以下の簡単なアンケートにお答えいただけますと幸いです。Lopez 様のようなお客さまの率直なご意見は、私たちの製品とサービスの向上の助けとなります。		

	はい	どちらとも言えない	いいえ
スニーカーをカスタマイズする手順はシンプルでわかりやすかった。	○	○	●
スニーカーをデザインするオプション一覧に満足している。	●	○	○
支払った金額に満足している。	●	○	○
対応した顧客担当者は親切で知識豊富だった。	○	●	○
将来、Sneaker Workshop でまた買い物をすると思う*。	●	○	○

*すべてのお客さまにご提供している配送料無料でのご注文とご返品に加え、② 当社の Frequent Buyers Club の会員の皆さまは限定の値引き価格でご利用いただけます。詳細はこちらをクリックしてください。

設問の訳と解きかた

6. Lopez さんはなぜこのメッセージを受け取ったか。
 (A) 彼女は美術を学ぶ学生のグループに参加したところだ。
 (B) 彼女は Sneaker Workshop についての詳細を問い合わせていた。
 (C) 彼女は Frequent Buyers Club に関心があると伝えた。
 正解 **(D)** 彼女は注文をしたところだ。

問題文全体の趣旨を問う問題です。商品を買った顧客に対しアンケートに答えるよう依頼するメールですが、アンケートに言及する選択肢はありません。①からメールの受信者が送信者の店で靴を買った(あるいは注文した)ことがわかるので、正解は (D) です。

7. Lopez さんが Sneaker Workshop について一つ不満に思っていることは何か。
 正解 **(A)** オーダーメードの靴を作るのが複雑過ぎる。
 (B) スニーカーモデルの選択肢が限られ過ぎている。
 (C) 全体として、このウェブサイトは値段が高過ぎる。
 (D) 顧客担当者がプロではなかった。

アンケートを含む文書の問題では、顧客がどんな点に満足しているか/不満に思っているかを問う問題が多く出題されます。アンケート部分に書かれている内容を落ち着いて読み取りましょう。The sneaker customization process was simple and straightforward. (スニーカーをカスタマイズする手順はシンプルでわかりやすかった) の項目で Disagree (同意しない) にチェックが入っているので、(A) が正解です。

8. Sneaker Workshop について示されているものはどれか。
 (A) 私立の美術学校に所有されている。
 (B) 5年前に設立された。
 (C) 商品の配送にお金がかかる。
 正解 **(D)** リピーターには特別価格がある。

ウェブページ全体が Sneaker Workshop に関するものなので、問題文全体を読んで答える必要があります。注意書きの② に members of our Frequent Buyers Club can also get exclusive discounts (当社の Frequent Buyers Club の会員の皆さまは限定の値引き価格でご利用いただけます) とあり、(D) が正解だとわかります。frequent は「頻繁な」という意味で repeated と言い換えられる頻出語です。

□ **custom** オーダーメイドの　□ **fill out** 〜に記入する
□ **not applicable** あてはまらない、該当なし　□ **customization** カスタマイズすること
□ **straightforward** わかりやすい、単純な　□ **knowledgeable** 知識豊富な
□ **exclusive** 制限された、専用の　□ **overall** 全体として

訳と解答・解説　Questions 9-11 ／ 1つの文書

問題文全訳

問題 9-11 は次のお知らせに関するものです。

Tim & Rick 社のお客さまへのお知らせ

①法律相談事務所の Tim & Rick 社は Main 通りにある本部オフィスの改装が完了するのを待つ間、一時的に Pauline 通りの Briarwood モール 1 階に移転します。移転は 10 月 3 日に予定されており、（改装が完了する）12 月中旬まで続く予定です。Tim & Rick 社ではお客さまのビジネスを第一に考え、こちらで支障なく法律的なニーズにお応えいたしますので、どうぞご安心ください。③当社の法律サービスは変わりなくご利用いただけますが、改装が完了するまで、遅くとも 24 時間前にご予約をいただかない限り、お客さまとお会いすることができませんのでご了承ください。②面談と相談の日程につきましては、お電話にてご相談ください。

設問の訳と解きかた

9. このお知らせによると、Tim & Rick 社について示唆されることは何か。

- 正解 **(A)** 数か月間、別の場所に引っ越す。
- (B) Briarwood モールに新支店を開設する。
- (C) 10 月に閉鎖する。
- (D) 別の法律事務所に買収される。

①の文は長いですが、文頭の As から Street, までは従属節で、主節から主語と動詞だけを取り出すと law and consultation firm will be relocating（法律事務所は移転する）となります。これを will move to another place と言い換えた (A) が正解です。

10. 10 月 1 日時点ではこの会社はどこにあるか。

- (A) Briarwood モール
- (B) Main 通り付近
- 正解 **(C) Main 通り沿い**
- (D) Pauline 通り沿い

この法律事務所 Tim & Rick 社は現在 Main 通り沿いにあり、その改装のために 10 月 3 日から 12 月中旬まで Pauline 通りの Briarwood モール 1 階に移転するという流れを捉えましょう。10 月 1 日は移転前なので、(C) が正解です。1 文目の Main Street の前にある前置詞 on は「接触」を表し、この文脈では「通り沿いに」を意味します。

11. 改装中に Tim & Rick 社の顧客ができないことはどれか。

(A) Tim & Rick 社に電話をかける
正解 **(B) 予約なしにこの法律事務所を訪ねる**
(C) 同社への予約の日程を立てる
(D) 相談サービスを依頼する

NOT 問題です。選択肢を問題文と照合していくと、(A)(C) は ② Please call us for scheduling meetings and consultations. (面談と相談の日程につきましては、お電話にてご相談ください) と一致し、(D) は ③ our legal services will still be available (当社の法律サービスは変わりなくご利用いただけます) および②と一致します。③の直後で面会には予約が必要だと言われているので、正解は (B) です。

- **clientele** [集合的に] 顧客、常連、依頼人 □ **completion** 完成、完了
- **renovation** 改装、改築 □ **temporarily** 一時的に、仮に □ **relocate** 移転する
- **in effect** 実施されて □ **rest assured** 安心する □ **value** 〜を尊重する
- **disruption** 中断 □ **make an appointment** 予約する

訳と解答・解説　Questions 12-13／1つの文書

問題文全訳

問題 12-13 は次の受信ボックスに関するものです。

Mary Tulip の受信ボックス				
新規作成	返信	転送	削除	フォルダに保存
送信者	件名			受信日時
Robert Page	ファッションカタログ秋号のサンプルデザイン			4月12日（月）午前 8:15
リマインダー	Fox Fabrics & Textiles への訪問：水曜日午前 9:45			4月12日（月）午前 9:45
Joanne Sparks	明日の日程			4月13日（火）午後 4:51
Mark	ブリュッセルはどう？			4月14日（水）午後 6:42
Joanne Sparks	当社の施設をご覧いただき、ありがとうございました			4月15日（木）午前 9:20
				午後 3:26　4月15日　木曜日

設問の訳と解きかた

12. Mary Tulip さんはどこで働いていると思われるか。

(A) 建設会社で
(B) 旅行会社で
(C) 大学で
正解 **(D) 衣料品の会社で**

受信ボックスの問題では、件名（subject）の内容が決定的に重要な意味を持ちます。メッセージの件名に Sample Designs for Fall Fashion Catalog（ファッションカタログ秋号のサンプルデザイン）や Fabrics & Textiles などの語句があることから（fabric は「布地、生地」、textile は「布地、繊維」）、この受信ボックスの使用者は服飾関係の仕事をしていると推測することができます。正解は (D) です。

13. Mary さんは水曜日の午前中にどこにいた可能性が最も高いか。

正解 **(A) サプライヤーの本社に**
(B) 観光ツアーに
(C) 自宅に
(D) セミナーに

受信ボックス2件目のReminder（リマインダー）に注目すると、水曜日にFox Fabrics & Textilesに訪問する、とあります。服飾関係の仕事をする人が布地を扱う会社を訪れたと考えられるので、正解は(A)です。一番下の件名にThank You for Touring our Facilities（当社の施設をご覧いただき、ありがとうございました）とありますが、このtourは旅行ではなく施設の「視察」を意味します。

□**forward** ～を転送する　□**delete** ～を削除する　□**save** ～を保存する、セーブする
□**reminder** 思い出させるもの、リマインダー　□**fabric** 布地、生地　□**textile** 布地、繊維
□**agenda** 議題、予定　□**facility** 設備、施設　□**construction** 建設
□**supplier** 供給業者、サプライヤー　□**headquarters** 本部、本社
□**sightseeing** 観光

訳と解答・解説　Questions 14-15／1つの文書

問題文全訳

問題 14-15 は次の E メールのやりとりに関するものです。

Harris Jansen　　　　　　　　　　　　　　　　2月21日　午前 10:15
お願いしてもいい？ G-41 Bridge のクライアントに会いに行く途中なんだけど、会社にブリーフケースを忘れてきてしまって、その中に新しい契約書が入っているんだ。

Asuka Miura　　　　　　　　　　　　　　　　　2月21日　午前 10:17
それは大変。どうすればいい？

Harris Jansen　　　　　　　　　　　　　　　　2月21日　午前 10:17
Claire さんに署名入りの契約書をスキャンして僕あてに E メールで送ってもらえるように頼んでくれないかな？

Asuka Miura　　　　　　　　　　　　　　　　　2月21日　午前 10:19
Claire さんは今ミーティング中で、いつ終わるかわからないの。いい考えがあるわ。G-41 のオフィスは中心街にあるのよね？ その近くまでミーティングに行くところなの。途中で届けてあげるわよ。

Harris Jansen　　　　　　　　　　　　　　　　2月21日　午前 10:21
何とお礼を言ったらいいかわからないよ。この恩はきっと返すから。

設問の訳と解きかた

14. Miura さんは何をすると示唆しているか。

(A) 資料を E メールで送る
(B) 同僚に伝言する
正解 (C) 書類を届ける
(D) G-41 とのミーティングに参加する

> Jansen さんの依頼に対して、Miura さんがそうできるかわからないと答えている流れを押さえましょう。Miura さんは I have an idea. (いい考えがあるわ) と言ったあと、Jansen さんの打合せ場所を確認したうえで I'll drop it off on my way. (途中で届けてあげるわよ) と提案をしています。it は前の Jansen さんのコメントにある signed contract (署名入りの契約書) を受けています。drop off は「~を届ける」という意味。正解は (C) です。

284

15. 午前 10:21 に、Jansen さんが "I don't know what to say" と書いたのはどういう意味か。

(A) Miura さんに会えて興奮している。
正解 **(B) Miura さんの寛大さに驚いている。**
(C) Miura さんが約束を果たすことを望んでいる。
(D) Miura さんにすぐ会えると期待している。

やりとり全体の流れが捉えられていれば、Jansen さんが感謝の言葉を発していることは容易に想像がつくでしょう。I don't know what to say. は「何と（お礼を）言ったらいいかわからない」という意味で、正解は (B) となります。

□**do someone a favor**〈人の〉頼みをきく　□**briefcase** 書類かばん
□**contract** 契約、契約書　□**downtown** 中心街に、繁華街に
□**drop off**〈荷物など〉を届ける　□**somehow** 何らかの形で　□**material** 資料
□**coworker** 同僚　□**fulfill** ～を実行する、果たす

訳と解答・解説　Questions 16-18 ／ 1つの文書

問題文全訳

問題 16-18 は次のメッセージに関するものです。

9：21 A.M.

新着メッセージ　　　　　　　　　　　　　　キャンセル

あて先：Jessica Banks

今日は僕と美術館で仕事だったよね？　こちらは車が故障してしまって、少し遅れそうなんだ。①新しいメンバーズカードバッジのための材料を注文しておいてもらいたいんだけど。あと2、3日でなくなってしまいそうなんだ。③オフィスのキャビネットの一番上の引き出しに入っているカタログを使って注文して。②特厚薄クリーム色の3×5のカード100枚と、それと一緒に使うプラスチックケース50個をお願いします。

設問の訳と解きかた

16. メッセージはなぜ Banks さんに送られたか。

(A) 車のトラブルについて確認するため
(B) メンバーズカードの見積もりについて尋ねるため
(C) 備品の注文を承認するため
正解 (D) 材料の購入を依頼するため

> 文書全体の目的を問う問題です。①の文からメッセージの方向性を読みとりましょう。美術館員が同僚にあてたメールで、車の故障で遅くなる自分に代わってメンバーズカードバッジに使う紙とプラスチックケースを注文するように依頼しています。正解はこれを request that she purchase materials と簡単に言い換えた (D) です。

17. メッセージで言及されていないものはどれか。

(A) 注文の数量
(B) メンバーズカードの色
正解 (C) 注文を処理する会社
(D) 商品リストのある場所

> NOT 問題です。選択肢を問題文と一つひとつ照合していくと、(A)(B) は②に、(D) は③に対応しています。発注先については言及されていないので、正解は (C) です。

18. 4行目の exhaust という語の意味が最も近いのは

(A) 〜を減らす
(B) 〜を疲れさせる
(C) 〜を無効にする
正解 **(D) 〜を使い果たす**

exhaust は「〜を疲れ果てさせる」という意味でよく使われますが、ここでは「〜を使い果たす」という意味で使われています。正解は (D)。run through には「〜を走り抜ける」という文字通りの意味のほかに、このような意味もあります。

- □ **break down** 故障する □ **drawer** 引き出し □ **extra-thick** 特厚の
- □ **cream-tinted** クリーム色がかった □ **confirm** 〜を確認する □ **estimate** 見積もり
- □ **approve** 〜を承認する □ **process** 〜を処理する □ **listing** 一覧表、リスト

訳と解答・解説　Questions 19-22 ／ 1つの文書

問題文全訳

問題 19-22 は次の契約書に関するものです。

サービス契約

Blue Bee Systems, Inc. の David Dominguez（以下「受託者」とする）は、Julian Gardening Center の所有者である Dolores Subith（以下「委託者」とする）に、以下の条件でサービスを提供することに同意する。

サービス内容
受託者は、この契約書に付随する合意済みの設計図に詳述されている仕様と寸法に従って、ガーデニング用物置 4 棟とビニールハウス 1 棟を 540 Apple Ridge Road に建設する。委託者は、受託者が 7 月 1 日に提供した見積もりに同意する。

作業日程
受託者は、建設が 7 月 15 日に開始し、8 月 31 日までに完了することに同意する。①天候、もしくは、受託者には制御不可能と判断されるその他の予期せぬ状況による遅延は許容される。ただし、プロジェクトは 9 月 15 日までに完了するものとする。

支払い
②委託者は、受託者が必要な建材を入手できるように、見積総額の 50% を手付金として契約署名日に支払う。最終請求書は、すべての作業が完了した時点で受託者が提出する。委託者は、最終請求書を受け取ってから 7 日以内に差額を支払う。

その他の条件
委託者は、建設中に変更が必要な場合には、受託者が委託者に変更の要望を提示し、合意された変更によって発生する費用の増加分は委託者の負担となることを了解する。③受託者は、すべてのがれき類、機器、建材などを、プロジェクトの完了時に建設地から除去することに同意する。

受託者：
David Dominguez　　　Owner, Blue Bee Systems, Inc.　　　7 月 8 日
　　署名　　　　　　　　　　　肩書き　　　　　　　　　　　日付

委託者：
Dolores Subith　　　Owner, Julian Gardening Center　　　7 月 8 日
　　署名　　　　　　　　　　　肩書き　　　　　　　　　　　日付

設問の訳と解きかた

19. 第2段落4行目のestimateという語の意味が最も近いのは

(A) 推測
(B) デザイン
正解 **(C) 価格**
(D) 物語

estimateは「推定する、見積もる」という意味の動詞のほか、「見積もり（額）」という意味の名詞としても使われます。ここではprice（価格）と言い換えることができます。

20. 契約書によると、遅延の理由として受け入れられないものはどれか。

(A) 受託者の供給業者が誤った量の建材を送付した。
(B) ハリケーンが作業場に損傷を与えた。
(C) パイプが破裂して、敷地内が水浸しになった。
正解 **(D) プロジェクトが予想していたよりも困難だ。**

遅延に関する条件についてはWork Schedule（作業日程）の箇所を見ます。①にDelays due to weather conditions or other unforeseen circumstances found to be out of the Contractor's control will be acceptable（天候、もしくは、受託者には制御不可能と判断されるその他の予期せぬ状況による遅延は許容される）とあります。(A)(C)は受託者には制御不能、(B)は天候による理由なので許容されると考えられます。正解は(D)です。

21. 手付金の支払期日はいつか。

(A) 7月1日
正解 **(B) 7月8日**
(C) 7月15日
(D) 8月31日

設問のdepositは「手付金、保証金」、dueは「締め切りの、支払うべき」という意味です。支払期日が問われているのでPayments（支払い）の箇所を見ます。②にThe Client shall pay a deposit of 50 percent of the estimated total cost on the contract signing date ...（委託者は、…見積総額の50％を手付金として契約署名日に支払う）とあり、問題文の一番下にある署名欄に契約日として7月8日と書かれているので、正解は(B)です。

22. 契約書によると、Blue Bee Systems, Inc. は何に対して責任を持つか。

(A) 市から建設許可を得ること
(B) Julian Gardening Center の従業員に安全保護具を提供すること
(C) 建材について別紙で請求書を提出すること

正解 **(D) 作業が完了したあとに、現場の片づけをすること**

Other Terms（その他の条件）の項目には、契約を結ぶ両社がそれぞれ責任を持つことが述べられています。③に The Contractor agrees to remove all debris, equipment, materials, etc. from the location upon completion of the project.（受託者は、すべてのがれき類、機器、建材などを、プロジェクトの完了時に建設地から除去することに同意する）とあり、受託者である Blue Bee Systems, Inc. は、作業後に現場の片づけを行うことがわかります。

- □ **hereafter** 今後、この先　□ **contractor** 契約者、請負業者　□ **terms**（契約などの）条件
- □ **shed** 物置、納屋　□ **specifications** 仕様書　□ **accompany** 〜に付随する
- □ **unforeseen** 予期しない　□ **deposit** 手付金、保証金　□ **obtain** 〜を得る、手に入れる
- □ **balance** 差引残高、未払い額　□ **incur**〈負債・損害など〉を負う、招く
- □ **debris** 破片、がれき　□ **property** 物件、不動産　□ **complicated** 困難な
- □ **gear**（特定の目的のための）衣服、道具

訳と解答・解説　Questions 23-25／1つの文書

問題文全訳

問題 23-25 は次の手紙に関するものです。

Zalma Inc.
2430 Hillview Avenue・Palo Alto, CA 94304

Martin Wolanski
221 Holzapple Street
Grand Forks, ND 58205

3月4日

Wolanski 様

先月はお時間を割いて Zalma Technology Scholarship のオンライン面接にご参加いただき、ありがとうございました。②ご存じのように、Zalma 社は、顧客に最高品質のコンピュータ部品と機器を提供するのに、当社の世界最高クラスのコンピュータ技術者たちの専門性に大きく依存しており、コンピュータサイエンスの分野における卓越性への感謝の意を表して、この奨学基金を創設しました。

– [1] – 我々は、あなたの職業倫理、スキル、自分を向上したいという意欲に感銘を受けました。– [2] – ①これらの理由から、来年、シンガポールの Tanglin Technology University's School of Computer Science でのあなたの研究を支援する奨学金の申請を承認することを決定いたしました。– [3] – 同封の書類には、支払いに関する詳細や日付を含む、あなたの奨学金の最終決定に関する重要な情報が書かれています。この資金提供の提案を受諾できるかどうか、3月14日までにお知らせください。

またもし何かご質問があれば、遠慮なくご連絡ください。近々ご連絡いただけるのを楽しみにしております。そして、おめでとうございます。– [4] –

敬具

George Lund
George Lund
Executive Administrator
g.lund@zalmatech.com
(650) 493-5510

設問の訳と解きかた

23. この手紙の目的は何か。
- (A) 職への応募者を祝うため
- (B) 候補者との面接を設定するため
- **正解 (C) 教育資金の提供を申し出るため**
- (D) 略歴の提供を求めるため

文書の目的を尋ねる問題で、全体の内容がイメージできていれば、容易に正解することができます。Zalma 社という会社が提供する奨学金の話だということはわかると思いますが、特に①に For these reasons, we have decided to approve your application for a scholarship to ...(これらの理由から、…奨学金の申請を承認することを決定いたしました)と述べられていることから、奨学金申請の承認通知の手紙であることがわかります。正解は (C) です。

24. Zalma 社の業種は何か。
- **正解 (A) コンピュータのハードウェアメーカー**
- (B) ウェブデザイン事務所
- (C) 技術系の私立大学
- (D) ネットワークセキュリティ事業者

② に As you know, Zalma Inc. ... provide our clients with the highest quality of computer parts and equipment (ご存じのように、Zalma 社は、顧客に最高品質のコンピュータ部品と機器を提供する…)とあり、この会社はコンピュータ機器を製造しているとわかります。computer parts and equipment を computer hardware と一般化して言い換えた (A) が正解です。

25. 第1段落6行目の led to という句の意味が最も近いのは
- (A) 〜に与えた
- (B) 〜に対処した
- **正解 (C) 〜をもたらした**
- (D) 〜から生じた

lead to は「〜につながる」という原義から、「〜を引き起こす、〜の原因となる」という意味を表します。bring about は「〜をもたらす」という意味の句で、ほぼ同じ意味を表します。正解は (C) です。

26. [1]、[2]、[3]、[4] と記載された箇所のうち、次の文が入るのに最もふさわしいのはどれか。

「また、あなたの学校からの推薦状にも優れた評価が書かれていました。」

(A) [1]
正解 (B) [2]
(C) [3]
(D) [4]

> 文頭の Moreover が追加を表す副詞である点に注目しましょう。直前に相手を高く評価するという内容の文があると考えられます。We were impressed by your work ethic, skills, and desire to improve yourself. の直後の空欄 [2] が正解であるとわかります。また、[2] の直後の For these reasons（これらの理由から）も手がかりになります。

□**scholarship** 奨学金　□**expertise** 専門技術、専門知識　□**appreciation** 感謝
□**ethic** 倫理　□**approve** 〜を承認する　□**enclosed** 同封された
□**finalize** 〜を最終決定する　□**congratulations** おめでとうございます
□**applicant** 応募者、志願者　□**candidate** 候補者　□**biographical** 伝記の、経歴の
□**reference** 推薦、身元保証

訳と解答・解説　Questions 27-30 ／ 1つの文書

問題文全訳

問題 27-30 は次の情報に関するものです。

住民の皆さまへ新しいクラブハウスがオープン

Rio Vista Apartment Community の住民の皆さまへ、新しいクラブハウスのオープンをお知らせできますことをうれしく思います。住民用プールが見渡せるこの新しいクラブハウスは、フィットネスセンターの隣にあります。①座り心地の良いカウチソファーと高画質のテレビ、ビリヤード台、最新式のサウンドシステム、広々としたフル装備のキッチンを備えています。②10月1日以降、クラブハウスは Rio Vista の住民の皆さまだけが無料でご利用になれます。

④クラブハウスに予約をご希望の住民の皆さまは以下の予約ガイドラインに従わなければなりません。予約の申請は、リース事務所にある予約申込書にご記入いただかなければなりません。－ [1] － 住民の皆さまが一度にできる予約は 3 件までです。⑤これらのガイドラインを順守しなかった場合にはクラブハウスの特権を失う場合があります。

③クラブハウスは交流を目的とした利用のみを意図しています。－ [2] － ビジネスミーティングでのクラブハウスのご利用は許可されません。音楽をかける際は、近隣の住民にご配慮ください。－ [3] － 夜間の会合は、例外なく、平日の夜は午後 10 時までに、金曜日と土曜日の夜は午後 11 時 30 分までに終了しなければなりません。－ [4] － クラブハウス内での喫煙は禁じられています。

Rio Vista Apartment Community
www.riovistacommunity.com

設問の訳と解きかた

27. 新しいクラブハウスについて示唆されるものはどれか。

(A) Rio Vista によって販売された。
(B) 住民用のプールの代わりになる。
(C) 運動器具が置かれている。
正解 (D) 料理器具を備えている。

① に It is furnished with comfortable couches, high-definition TVs, a pool table, a state-of-the-art sound system, and a spacious, fully stocked kitchen. とあることから、(D) が正解となります。問題文の furnish が選択肢では equip と、fully stocked kitchen は cooking appliances と言い換えられています。

28. クラブハウスを予約するための要件として述べられているものはどれか。

(A) 保証金を支払うこと
正解 (B) このマンションのコミュニティーに住んでいること
(C) 10月1日までに登録すること
(D) パーティーの出席者をリストにすること

② に It will be available exclusively to Rio Vista residents from October 1, free of charge.（10月1日以降、クラブハウスは Rio Vista の住民の皆さまだけが無料でご利用になれます）とあります。正解は (B) です。exclusively は「～だけ」を意味する副詞です。

29. クラブハウスで許可されているものはどれか。

正解 (A) ディナーパーティーを開く
(B) 真夜中過ぎまで滞在する
(C) 顧客に対してプレゼンテーションをする
(D) たばこを吸う

クラブハウスの使用目的が述べられているのは第3段落です。③に The clubhouse is meant to be used for social purposes only.（クラブハウスは交流を目的とした利用のみを意図しています）とあることから、(A) は許可されていると考えられます。交流の一例としてディナーパーティーを挙げる「具体化」の言い換えです。

30. [1]、[2]、[3]、[4] と記載された箇所のうち、次の文が入るのに最もふさわしいのはどれか。

「予約は少なくとも24時間前にしていただかなければなりません。」

正解 (A) [1]
(B) [2]
(C) [3]
(D) [4]

予約の仕方について述べた文です。④に Residents wishing to book the clubhouse must adhere to the following reservation guidelines.（クラブハウスに予約をご希望の住民の皆さまは以下の予約ガイドラインに従わなければなりません）とあり、⑤に Failure to observe these guidelines may result in the loss of clubhouse privileges.（これらのガイドラインを順守しなかった場合にはクラブハウスの特権を失う場合があります）とあることから、予約の仕方はこの2文の間に述べられると考えられます。正解は (A) です。順序を表す following（以下の）、these（これらの）といった語句が大きな手がかりになります。

□ **overlook** ～を見下ろす、見渡す　□ **furnish** ～を備えつける
□ **high-definition** 高解像度の　□ **state-of-the-art** 最新技術の　□ **spacious** 広々とした
□ **exclusively** ～だけ、限定的に　□ **adhere to** ～を忠実に守る
□ **reservation** 予約、指定　□ **observe** 〈規則など〉に従う　□ **privilege** 特権、特典
□ **social** 社交的な　□ **considerate** 配慮する、気遣う　□ **function** 催し、会合
□ **exception** 例外　□ **replace** ～に取って代わる　□ **workout** 運動、トレーニング
□ **appliance** 器具　□ **requirement** 必要条件、要件　□ **sign up** 登録する
□ **attendee** 参加者、出席者　□ **host** ～を主催する

訳と解答・解説　Questions 29-32／1つの文書

問題文全訳

問題 29-32 は次のオンラインチャットによる会話に関するものです。

Chloe Bell［午前 10:16］	お疲れさまです。私は今、Sky Circuit Magazine の Lin さんと話したところです。Greer Hall Event Center がゆうべ雨で水びたしになってしまったので、Sky Circuit Magazine は来週末のカンファレンスに別の会場を必要としています。間に合うように手配できるでしょうか。
Lionel Nash［午前 10:17］	参加者は何人ですか。
Chloe Bell［午前 10:17］	18 人のスピーカーが登壇予定で、参加者は 600 人前後を見込んでいます。
Lionel Nash［午前 10:26］	大丈夫です。今、Red Lake Convention Center との電話が終わったところなんですが、そこでカンファレンスができると言ってくれました。
Chloe Bell［午前 10:27］	それはよかった！　Greer Hall はケータリングやパンフレット、プレゼンテーションのビデオ撮影まですべて対応してくれることになっていたので、それらは全部自分たちで手配しないといけませんね。
Nancy West［午前 10:28］	うちのケータリングクルーはそのくらいの人数なら対処できるので大丈夫です。明日いくつかサンプルメニューを考えてみます。
Chloe Bell［午前 10:28］	完ぺきよ。今週中に食事の件を最終決定するようにしましょう。
William Carr［午前 10:29］	うちのチームはカンファレンス中のビデオ撮影をして、数日以内にすべて編集できますよ。
Ed Owen［午前 10:30］	プレゼンテーションのスケジュールやその他すべての準備ができたら、私がパンフレットのデザインと印刷をします。
Chloe Bell［午前 10:30］	素晴らしいわ。じゃあ、大丈夫ね。Lin さんに伝えます、みんな、ありがとう！
	送信

設問の訳と解きかた

29. Lin さんはなぜ Bell さんに連絡をしたか。
- (A) イベントを中止しなければならないから。
- (B) タイムスケジュールが変わったから。
- (C) プレゼンテーションホールが狭過ぎるから。
- 正解 **(D) 会場が利用できなくなるから。**

Lin さんはまず Bell さんの最初のコメントに出てきます。Greer Hall Event Center was badly flooded last night, and now the magazine needs a different venue for their conference next weekend.（Greer Hall Event Center がゆうべ雨で水びたしになってしまったので、Sky Circuit Magazine は来週末のカンファレンスに別の会場を必要としています）と言っていることから、浸水した会場が使えなくなったと考えられます。正解は (D) です。

---

30. Bell さんはどんな業種の会社で働いている可能性が最も高いか。
- (A) コンベンションセンター
- 正解 **(B) パーティーの企画運営会社**
- (C) デジタル雑誌社
- (D) 高級なフードサービス提供会社

Bell さんの最初のコメントの最後に Can we organize that in time?（間に合うように手配できるでしょうか）とあり、その前のコメントから続けて理解するとイベントセンターで conference（会議）を organize（組織する）仕事をしていると考えられます。正解は (B)。

---

31. 会話によると、最後に仕事を締めくくるのは誰か。
- (A) Nash さん
- (B) West さん
- 正解 **(C) Carr さん**
- (D) Owen さん

コメントの順に考えると Owen さんが正解だと思われるかもしれませんが、Owen さんが行うパンフレットのデザインや印刷はカンファレンスの前に行われる事柄です。Carr さんが行うと言っているビデオ撮影と編集は、カンファレンスの当日およびそのあとに行うことです。(C) が正解です。

---

32. 午前 10 時 30 分に、Bell さんが "It's a go" と書いたのはどういう意味か。
- (A) 彼女は、新しいクライアントを直接訪問する。
- (B) 彼女は、受け取ったフィードバックを考慮する。
- 正解 **(C) 彼女は、その仕事を達成できると思っている。**
- (D) 彼女は、同僚を励ましたいと思っている。

It's a go. は「これで行ける」という意味の会話表現です。やりとりから Bell さんはリーダー的な存在だと考えられますが、このプロジェクトは進めて大丈夫だという意味で使っています。みんなからの申し出を受けて Fantastic.（素晴らしいわ）と答えていることからも、(C) が正解だと判断できるでしょう。ちなみに、これと反対の意味の表現は、It's no go.（だめだ、うまく行かない）です。

□ **flood** 〜を水浸しにする　□ **venue** 会場　□ **brochure** パンフレット
□ **put together** 〜をまとめる、作る　□ **edit** 〜を編集する

訳と解答・解説　**Questions 35-39／複数の文書**

問題文全訳

問題 35-39 は次の広告と E メールに関するものです。

Ceylon Ridge Tea グルメな紅茶セレクション

① Ceylon Ridge Tea は 2 世紀以上にわたり、紅茶業界において世界をリードしてまいりました。② 当社で最も有名なのは、スリランカの緑あふれる山々で手摘みされる紅茶。さまざまな種類の中からお選びいただいた紅茶を丈夫な容器に丁寧に詰め、ご自宅や職場までお届けします。

当社では、伝統的なイングリッシュブレックファーストティーから、有機栽培のスリランカ産茶葉の当社独自のブレンドに至るまで、さまざまな種類の紅茶をご提供しております。お茶の容器はサイズが 40 グラムから 500 グラムまであり、デザインやカラーも豊富です。ご希望の高さと幅の特注容器のご要望につきましては、ご希望の配達日より 2 か月前までにお知らせください。

ご注文は、イギリスおよびヨーロッパの方は 09-878-0913 まで、それ以外の地域の方は +64 987-9813 までお電話ください。当社の良質な紅茶はすべて、オンラインでも www.ceylonridgetea.com にてご購入いただけます。イギリスおよびヨーロッパ以外への配送は有料となり、アメリカドルで 100 ドル以上となることもございます。③ 北米への配送には、1 か月前にご注文いただく必要があります。

E メールメッセージ

差出人： Steve Blake <sblake@annarborteahouse.com>
あて先： Jenny Carmen <jcarmen@ceylonridgetea.com>
件名： イングリッシュブレックファーストティーの購入見積もり
日付： 11 月 3 日

Carmen 様

同僚と私は最近、業界誌で御社のイングリッシュブレックファーストティーについての肯定的な評価をお見かけし、アメリカ Michigan 州 Ann Arbor にある私たちのカフェで少し注文をさせていただくことを検討しています。ただ、まずは、Michigan まで 250 グラム入りのイングリッシュブレックファーストティー 10 箱を送っていただくのにいくら費用がかかるか確認するために、お見積もりをいただきたいと思っております。配送料次第では、数か月おきに同様のサイズで注文することができるかもしれません。

お茶の種類：イングリッシュブレックファーストティー
お茶の容器サイズ：250 グラム
数量：10 箱
特注容器の希望：なし
希望する到着日：12 月 21 日まで
コメント：250 グラム入りの容器で購入できない場合、500 グラム入りを 5 箱、または 2,500 グラム入りの特注の容器 1 箱を購入することも検討します。

お見積もりとともにご返信ください。

敬具

Steve Blake
Ann Arbor Tea House ゼネラルマネージャー
(734) 475-1704

設問の訳と解きかた

35. Ceylon Ridge Tea について何が示唆されているか。

(A) 企業にしか販売していない。
(B) 本社はヨーロッパにある。
(C) 紙の販売カタログを発行している。
正解 (D) 長年営業している。

広告冒頭の①に Ceylon Ridge Tea has been a world leader in the tea industry for over two centuries. (Ceylon Ridge Tea は 2 世紀以上にわたり、紅茶業界において世界をリードしてまいりました) とあり、200 年以上営業していることがわかります。これを for many years（長年）と一般化して言い換えた (D) が正解です。

36. Ceylon Ridge Tea はどの種類のお茶を専門に扱っているか。

(A) アールグレイ
(B) イングリッシュブレックファーストティー
(C) イギリス産のお茶
正解 (D) 紅茶

②で We are most well-known for our black tea, ...（当社で最も有名なのは、…紅茶）と述べていますが、その中で特定の銘柄を専門にしているとは述べていないので、正解は (D) の black tea（紅茶）です。英語で tea といえば、ふつう「紅茶」を指しますが、green tea（緑茶）などと区別するために black tea ということもあります。

37. Eメールの第1段落2行目のtradeという語の意味が最も近いのは

(A) 消費者
(B) 交換
正解 (C) 業界
(D) 販売

> tradeというと「貿易、取引」などの意味で覚えている人が多いでしょう。しかし、trade magazineという場合は「業界誌」の意味になります。正解は (C) です。

38. 希望する到着日までにお茶を受け取るためには、Steveさんが注文をする締め切りはいつになるか。

(A) 10月21日
(B) 11月3日
正解 (C) 11月21日
(D) 12月1日

> ③に Orders must be made one month in advance for shipments to North America.（北米への配送には、1か月前にご注文いただく必要があります）とあり、またEメールで到着希望日を12月21日としているので、正解は (C) となります。

39. Blakeさんが注文を検討していないお茶の容器はどのタイプか。

(A) 40グラム入りの容器
(B) 250グラム入りの容器
(C) 500グラム入りの容器
(D) 特注の容器

> EメールのComments欄を見るとIf 250 gram containers are not available, then we would be willing to consider ordering five 500 gram containers or one specially made 2,500 gram container.（250グラム入りの容器で購入できない場合、500グラム入りを5箱、または2,500グラム入りの特注の容器1箱を購入することも検討します）とあり、広告では40～500グラムの容器があると言われていることから2,500グラムの容器は特注サイズであると考えられるので、(B)(C)(D)を検討していると考えられます。正解は (A) です。

□ **handpicked** 手摘みの　□ **package** ～を包装する、詰める
□ **durable** 耐久性のある、丈夫な　□ **container** 容器　□ **flavor** 風味、味
□ **organic** 有機栽培の、無農薬の　□ **come in** ～の形で売られる
□ **custom** オーダーメイドの　□ **prior to** ～に先立って　□ **upward of** ～以上の
□ **colleague** 同僚

訳と解答・解説　Questions 40-44／複数の文書

問題文全訳

問題 40-44 は次の記事と予定表に関するものです。

『Up, Up, and Relay』

多くの人にとって、宇宙旅行に関する物理と工学は、興味深い話題には思えないかもしれない。しかし、元大学教授で科学研究者のSimon Cardigan 博士は、記録を塗り替える彼のドキュメンタリー作品『Up, Up, and Relay』で、これらを人気の会話テーマにした。

この画期的なドキュメンタリーは、宇宙旅行の現状と起こりうる未来を探求する。②この映画のチケットが科学ドキュメンタリーで史上最も売れているのが、監督によるストーリーテリングの独特のアプローチの結果であることは間違いない。①難解な科学的概念を避ける代わりに、Cardigan 博士は現実世界の実例と、自身の生活の愉快な（そして気恥ずかしいことも多い）ストーリーを使ってこれらを説明している。

Cardigan 博士のストーリーテリングだけでも『Up, Up, and Relay』の人気を説明することはできるかもしれないが、この映画の成功はエグゼクティブプロデューサーのMarty Schaffer 氏の専門家ならではの貢献にも拠るところが大きい。著名な作家にして俳優、プロデューサーである同氏は、Cardigan 博士がこの映画を制作する間ずっとサポートし、その結果、非常に本格的で質の高い映画に仕上がった。

『Up, Up, and Relay』の人気は、科学的な説明に重きを置いたテレビ番組や映画、書籍の成功例の増加にも関連している。このうち最も有名な例は、未来の宇宙旅行者の一団の冒険を追う大人気テレビシリーズ『The World Gap』だ。

ヒューストン宇宙会議——ハイライト

基調講演者とディスカッション West Harper 大会場

1日目　6月13日午後4時 Simon Cardigan 博士が、Incline Heights 映画祭で「ベストドキュメンタリー賞」を受賞した映画『Up, Up, and Relay』の背景となった研究を語る。
2日目　6月14日午後3時 Yusuke Ueda 氏が宇宙ツーリズムの未来について語る。
3日目　6月15日午後5時 Drake Reese 博士、Anke Laumann 博士、Clint Helms 氏が、宇宙に関する人気の映画とドラマの正確さについてのグループディスカッションに参加する。

出展者ブース East Harper 大会場

6月13日、14日および15日午後1時～午後7時、さまざまな宇宙関連企業が出展する実演ブースがあります。

設問の訳と解きかた

40. この記事の主題は何か。
- (A) 工学と映画制作の関係
- 正解 **(B) ある映画の成功**
- (C) 宇宙に関連するエンターテイメントの高まる人気
- (D) 最近のドキュメンタリーの科学的な批判

問題文全体の趣旨を問う問題です。記事全体にわたって『Up, Up, and Relay』というドキュメンタリー映画の成功について論じており、これを簡単に言い換えた (B) が正解です。

41. 記事の第3段落6行目の prominent という語の意味が最も近いのは
- (A) 有能な
- (B) 計画された
- (C) 活動的な
- 正解 **(D) よく知られた**

prominent は「高名な、著名な」という意味の形容詞。正解は (D) です。

42. 『Up, Up, and Relay』について言及されていないものはどれか。
- (A) 学術的なテーマの話題が含まれている。
- (B) 科学者によって監督された。
- (C) 個人的な話が含まれている。
- 正解 **(D) テレビのシリーズに翻案されることになっている。**

NOT 問題です。選択肢を問題文と一つひとつ照合していくと、(A)(C) は①に対応しています。監督については② That the movie has sold more tickets than any scientific documentary in history is surely a result of the director's unique approach to storytelling.（この映画のチケットが科学ドキュメンタリーで史上最も売れているのが、監督によるストーリーテリングの独特のアプローチの結果であることは間違いない）にしか言及がありませんが、少し下に storytelling を行ったのは Cardigan 博士であるとあり、また第1段落に、博士は scientific researcher（科学研究者）であると述べられていることから、(B) もこの部分に対応することがわかります。正解は (D) です。

43. West Harper 大会場で 3 日目に議論される可能性が最も高いものはどれか。
  (A) Drake Reese 博士の宇宙ツーリズムに関する懸念
  (B) Cardigan 博士の最新研究の調査結果
  (C) Marty Schaffer の間もなく公開される映画
  正解 **(D)** 『The World Gap』に関する Clint Helms の見解

予定表の 3 日目を見ると、the accuracy of popular movies and dramas about space（宇宙に関する人気の映画とドラマの正確さ）についてグループディスカッションすることになっており、記事の最後に『The World Gap』が人気テレビシリーズの代表例として挙げられているので、これについて議論されると考えられます。

44. 予定表によると、East Harper 大会場で参加者は何ができるか。
  (A) 新技術を買う
  (B) テレビ俳優に会う
  (C) エンジニアの職に応募する
  正解 **(D)** 宇宙関連の企業について知る

East Harper 大会場については予定表の最後に出ています。Featuring demonstration booths from various aerospace businesses.（さまざまな宇宙関連企業が出展する実演ブースがあります）とあることから、(D) が正解であるとわかります。business には「取引、業界」といった意味のほかに「会社、企業」という意味もあるので覚えておきましょう。

□ **record-breaking** 新記録の、記録を塗り替える　□ **revolutionary** 画期的な、革命的な
□ **exploration** 探求　□ **outer space** 宇宙（空間）　□ **approach** 取り組み方、接近方法
□ **storytelling** 語り　□ **embarrassing** 恥ずかしい、きまりの悪い　□ **contribution** 貢献
□ **prominent** 著名な　□ **hugely** 大いに、極めて　□ **keynote speaker** 基調講演者
□ **accuracy** 正確さ　□ **aerospace** 航空宇宙（産業）の

訳と解答・解説　Questions 45-49／複数の文書

問題文全訳

問題 45-49 は次の E メールとアンケートに関するものです。

差出人： Jeff Watson <jeffw1@springwoodsuites.com>
あて先： Maria Rodriguez <rodriguez-family23@mailptt.com>
件名：　 Springwood Suites でのご滞在について
日付：　 3 月 21 日

Rodriguez 様

Springwood Suites Portsmouth 店でのご滞在をお楽しみいただけたでしょうか。

Springwood Suites では、世界クラスのサービスをお客さまに提供できるよう努めております。①そのため、ご宿泊のご体験に関して、オンライン評価をご記入いただけたら幸いです。フィードバックをいただけましたら、当グループの世界 300 か所全店でご利用いただける 25% オフのクーポン券が自動的に送られます。感謝の気持ちとしてお受け取りください。

②お客さまの評価をご記入いただくには、Springwood Suites のホームページにアクセスしていただき、右上のご予約履歴のリンクをクリックしてください。すると、システムにより、お部屋をご予約いただいた際にお使いになった E メールアドレスとユーザーパスワードを入力するよう求められます。これらを入力すると、評価ページが表示されます。③この評価はご宿泊最終日より 1 か月までしかご提出いただけませんのでご注意ください。

Springwood Suites をお選びくださり、ありがとうございました。

敬具

Springwood Suites
お客さま担当マネージャー
Jeff Watson

```
http://www.springwoodsuites.com/visitor/survey
```

お客さま名	Maria Rodriguez	チェックイン日	3月1日
ホテル名	Springwood Suites — Portsmouth	チェックアウト日	3月6日

1. ご宿泊の体験は全体としていかがでしたか?
   とても満足 ○　　やや満足 ●　　不満 ○

2. ホテルの担当者のサービスはいかがでしたか?
   とても満足 ●　　やや満足 ○　　不満 ○

3. 部屋の快適さと清潔さはいかがでしたか?
   とても満足 ○　　やや満足 ○　　不満 ●

4. ご宿泊に関してお聞かせください。

> 私の部屋は最初はよく思えましたが、2日目にシャワーの水がきちんと排水されないことに気づきました。ホテルのスタッフに苦情を伝えたところ、スイートルームにアップグレードしてくれました。スタッフの配慮と、どうにかしようと熱心な姿勢に感動しました。ホテル自体もコンベンションセンターのすぐ隣で良かったです。

5. 改善すべき点について何かご意見はございますか?

> 壁が薄過ぎて、隣の部屋のお客さんが話していることが筒抜けでした。それから、複数の電球が切れているのが見受けられました。先に言及した排水の問題に加えて、これで以上です。

設問の訳と解きかた

45. このEメールの目的はどれか。

(A) アンケートの受け取りを確認するため
(B) 顧客にクーポンのことをリマインドするため
正解 (C) 宿泊客のコメントを求めるため
(D) ホテルの質を検討するため

Eメールは差出人とあて先、さらに第1文の内容からホテルから宿泊客にあてたものだとわかります。そして第2段落の①に ... we were hoping that you might be willing to fill out an online review regarding your experience (…ご宿泊のご体験に関して、オンライン評価をご記入いただけたら幸いです) とあるので、これをシンプルに言い換えた (C) が正解です。

46. Eメールによると、評価のページにアクセスするために必要なステップはどれか。

(A) 担当者と話す
(B) 安全なパスワードをつくる
正解 (C) 既存のログイン情報を入力する
(D) 更新の手続きをする

> 評価ページへのアクセス方法については②に述べられています。正解は (C) です。問題文の the e-mail address and user password you used when booking the room (お部屋をご予約いただいた際にお使いになったEメールアドレスとユーザーパスワード) が、選択肢では短く existing login information (既存のログイン情報) と言い換えられています。

47. 評価を行う締め切りはいつか。

(A) 3月31日
(B) 4月1日
正解 (C) 4月6日
(D) 4月21日

> メールの③に Please note that reviews can only be submitted up to one month from the final day of accommodation. (この評価はご宿泊最終日より1か月までしかご提出いただけませんのでご注意ください) とあり、またアンケートのチェックアウトの日付が3月6日であることから、正解は (C) であることがわかります。

48. このホテルについて言及されていないものはどれか。

(A) ほかの客が立てる音
(B) 親切なスタッフ
正解 (C) 手ごろな価格
(D) 便利な立地

> NOT問題です。選択肢からホテルの評価に関するものと考えられるので、選択肢をアンケートの問題文と照合していきます。(A) については5の評価項目に、(B)(D) については4の評価項目に該当する記述があります。正解は (C) です。

49. ポーツマス店はどのような変更が施される可能性が最も高いか。

(A) 新しいトイレが設置される。
正解 (B) メンテナンス作業が実施される。
(C) フロントのスタッフが新しいトレーニングを受ける。
(D) 客室清掃係のスタッフが入れ替えられる。

> 苦情の内容をもとに「どのような変更が施される可能性が高いか」を問う問題が出題されることがあります。アンケートの5の評価項目に壁の薄さや電球が切れていたことについての言及があるので、(B) が正解だと考えられます。

□ **branch** 支店、支社　□ **be committed to** 〜に専心する　□ **valid** 有効な
□ **submit** 〜を提出する、提示する　□ **rate** 〜を評価する　□ **somewhat** いくぶん、多少
□ **drain** 〜を排水する　□ **upgrade** 〜の等級を上げる

訳と解答・解説　Questions 50-54／複数の文書

問題文全訳

問題 50-54 は次の製品情報とオンラインレビュー、返信に関するものです。

---

https://www.rocksidetents.com/rocksidepalace

Rockside Tents

ホーム	製品	ご注文	カスタマーサービス	ご連絡

モデル	収容人数	価格
Rockside Palace 6	6 人	439 ドル
Rockside Palace 8	8 人	529 ドル

色：モスグリーン、スカイブルー

商品説明：
Rockside Palace シリーズは、過酷な気象条件でも使えるように設計されており、山間部での家族のキャンプに最適です。
- ①センターディバイダーで二つに分かれる空間
- 四つのジッパースライダーがついた広い出入り口 2 か所
- 最先端の耐候性素材
- 超軽量チタン製ペグ

---

https://www.rocksidetents.com/rocksidepalace/reviews

11 月 12 日

グリーンの Rockside Palace 6 を家族のキャンプ旅行用に購入しました。全体として、私たちは少しがっかりしています。まず、テントの広さが私たち 5 人家族には十分ではありません。また、ジッパーにも不具合がありました。②ジッパーのうち二つが一定の場所から動かなくなってしまい、今はテントの片方の出入り口しか使うことができません。

さらに、テントのペグがとても軽いので、強風に持ちこたえられないのではないかと懸念しています。ときどき、テントが吹き飛ばされる恐れがあるのではないかと心配になります。

Colette Palacios

> https://www.rocksidetents.com/rocksidepalace/messages
>
> 11月14日
>
> Palacios 様
>
> 弊社の商品に問題があったとのこと、申し訳ございませんでした。お客さまがお受け取りになったテントは不良品であった可能性がありますので、交換品をお送りしたく存じます。③テントの広さにも問題があったとのことでしたので、一つ上のサイズのものをお送りいたします。しかしながら、お客さまが現在お持ちの色のものはございません。④お客さまへ交換品をお送りするためには、ご購入の証明となるものを E メールにてお送りいただく必要がございますので、ご了承ください。
>
> テントのペグに関してのご心配についてですが、ペグはまったく頑丈ですのでご安心ください。⑤軽量素材でできてはおりますが、強度と有効性は屋外試験で複数回確認しております。
>
> Rockside Tents カスタマーサービス担当
> Mario Delgada

設問の訳と解きかた

50. Palacios さんは購入したテントについて何と書いているか。

(A) 色が嫌いだ。
(B) 耐候性がない。
(C) 彼女の家族には大き過ぎる。
正解 (D) テントの部品が開かない。

製品情報の①に Two large doors with four zipper sliders (四つのジッパースライダーがついた広い出入り口2か所) とあり、オンラインレビューの②に A couple of them are permanently stuck in place, so now we can only use the doors on one side of the tent. (ジッパーのうち二つが一定の場所から動かなくなってしまい、今はテントの片方の出入り口しか使うことができません) とあることから、一つの出入り口のジッパーが開かなくなってしまったと考えられます。正解は (D) です。

51. レビューの第2段落1行目にある handle の意味が最も近いのは

(A) 〜を回転させる
正解 (B) 〜に耐える
(C) 〜を延期する
(D) 〜をさらす

handle high winds で「強風に対処する」という意味を表します。選択肢の中でほぼ同じ意味で使えるのは resist (〜に耐える) です。正解は (B)。

52. Delgada さんは Palacios さんに何を提供するか。

(A) グリーンの 6 人用のテント
(B) グリーンの 8 人用のテント
(C) ブルーの 6 人用のテント
正解 (D) ブルーの 8 人用のテント

製品情報にあるテントは、色が 2 色、サイズが 2 種類あるので、全部で選択肢に挙がっている 4 種類があります。そして返信の③に You also mentioned that your tent's size was an issue, so we will send you the larger model. However, it is not available in the color you have now. (テントの広さにも問題があったとのことでしたので、一つ上のサイズのものをお送りいたします。しかし、現在お客さまがお持ちの色のものはございません) とあるので、Palacios さんの買った緑色でない大きいサイズのテントである (D) が正解となります。

53. Palacios さんは Rockside Tents から品物を受け取るために何をしなければならないか。

(A) 購入した商品に欠陥があることを証明する
(B) 不具合の詳細をさらに説明する
(C) 正式な申込書に記入する
正解 (D) 商品受領書のコピーを送る

返信の④に Note that in order to send you the replacement, you will need to e-mail us proof of your purchase. (お客さまへ交換品をお送りするためには、ご購入の証明となるものを E メールにてご送付いただく必要がございます) とあり、この内容を単純に Send a copy of her order receipt (商品受領書のコピーを送る) と言い換えた (D) が正解です。

54. Delgada さんはテントのペグについて何を示唆しているか。

正解 (A) 屋外で試験されている。
(B) 携帯性を高めるために軽量になっている。
(C) 科学者が特別に設計した。
(D) 雪の多い環境で性能が落ちる。

返信の⑤に Though they are made of lightweight material, we have proven their strength and effectiveness in several field trials. (軽量素材でできてはおりますが、強度と実効性は屋外試験で複数回確認しております) とあります。名詞句の field trials を be tested outdoors と動詞句に言い換えた (A) が正解です。

□ **description** 記載、説明　□ **mountainous** 山の多い、山岳の　□ **divider** 仕切り
□ **cutting-edge** 最先端の　□ **ultra-lightweight** 超軽量の　□ **titanium** チタン
□ **stake** くい、支柱　□ **permanently** 永久に　□ **stuck** 動かない
□ **handle** 〈問題など〉を処理する　□ **defective** 欠陥のある
□ **replacement** 交換品、代替品　□ **proof** 証拠、証明　□ **sturdy** 頑丈な、丈夫な
□ **defer** ～を延期する

監修者紹介

濵﨑潤之輔 (はまさき じゅんのすけ)

大学・企業研修講師、書籍編集者。早稲田大学政治経済学部経済学科卒業。明海大学や獨協大学、ファーストリテイリングや楽天銀行、SCSK、エーザイなどの企業で TOEIC テスト対策研修講師を務める。

TOEIC テスト 990 点（満点）を 40 回以上獲得。TOEIC テスト対策合宿・セミナーなども開催。著書に『TOEIC テスト 一発逆転 600 点！』(KADOKAWA/中経出版)、『ぜったい 900 点突破！TOEIC TEST 大特訓』(ペレ出版)、『新 TOEIC テスト 990 点攻略』(旺文社)、共著書に『新 TOEIC テスト 全力特急 絶対ハイスコア』『新 TOEIC テスト ドリーム特急 全パート実戦対策』(以上、朝日新聞出版)、監修書に『イラスト＆ストーリーで忘れない TOEIC テスト ボキャブラリー プラチナ 5000』『TOEIC テスト 英文法 プラチナ講義』(以上、ジャパンタイムズ) などがある。

ブログ：『独学で TOEIC 990 点を目指す！』
　　　　(http://independentstudy.blog118.fc2.com/)
Twitter アカウント：@HUMMER_TOEIC
Instagram アカウント：junnosuke_hamasaki

TOEIC®テスト リーディング プラチナ講義

2016 年 3 月 20 日　初版発行

監修者	濵﨑潤之輔	
	©Junnosuke Hamasaki, 2016	
編　者	ジャパンタイムズ＆ロゴポート	
	©The Japan Times, Ltd. & Logoport, 2016	
発行者	小笠原 敏晶	
発行所	株式会社 ジャパンタイムズ	
	〒108-0023 東京都港区芝浦 4 丁目 5 番 4 号	
	電話　(03) 3453-2013 (出版営業部)	
	振替口座　00190-6-64848	
	ウェブサイト　http://bookclub.japantimes.co.jp	
印刷所	日経印刷株式会社	

本書の内容に関するお問い合わせは、上記ウェブサイトまたは郵便でお受けいたします。
定価はカバーに表示してあります。

万一、乱丁落丁のある場合は、送料当社負担でお取り替えいたします。ジャパンタイムズ出版営業部あてにお送りください。

Printed in Japan　ISBN978-4-7890-1628-5